STARK

ABITUR

Prüfungsaufgaben mit Lösungen

2013

Englisch

Leistungskurs
Gymnasium • Gesamtschule
Nordrhein-Westfalen

2007–2012

STARK

ISBN 978-3-8490-0107-0

6. ergänzte Auflage
www.stark-verlag.de

Inhalt

Vorwort
Stichwortverzeichnis

Hinweise und Tipps zum Zentralabitur

1 Was erwartet mich? ... I
2 Welche Materialien muss ich bearbeiten? ... I
3 Wie werden die Arbeitsanweisungen formuliert? ... II
4 Welches Grundwissen benötige ich? ... XIV
5 Wie baue ich eine Analyse auf? ... XV
6 Wie argumentiere ich sachgerecht am Text? ... XVII
7 Wann und wie verwende ich Textverweise? ... XVII
8 Wie zitiere ich? ... XVII

Abiturähnliche Übungsaufgaben

British and American traditions and visions

Aufgabe 1: Uppers, Downers and the myth of classless Britain ... 1
Sach- und Gebrauchstext, A 2; Inhalte: *British traditions, landmarks in British history, class, social issues; the media; composition of dialogue*

Aufgabe 2: *Cat on a Hot Tin Roof* by Tennessee Williams ... 7
Literarischer Text, A 2; Inhalte: *American traditions, American dreams and nightmares, moral issues; plays; informal letter*

Globalisation – global challenges

Aufgabe 3: *The Refugee* by Pearl S. Buck ... 13
Literarischer Text, A 1; Inhalte: *post-colonialism and migration, global challenges, cultural diversity, dystopia, ethics; narrative texts; comment*

Aufgabe 4: The war was illegal ... 18
Sach- und Gebrauchstext, B 1; Inhalte: *global challenges, international peace-keeping, the role of Britain and the USA, the media; cartoon; evaluation*

Post-colonialism and migration

Aufgabe 5: Nelson Mandela: Inauguration Speech 24
Sach- und Gebrauchstext, A 1; Inhalte: *post-colonialism, South Africa; speech; comment*

Aufgabe 6: The Life and Death of an Asylum Seeker 32
Sach- und Gebrauchstext, A 2; Inhalte: *migration, cultural diversity in Great Britain, the media; news story; letter to the editor*

Shakespeare – a literary "giant" in the 21st century

Aufgabe 7: *My Heart Leaps Up* by William Wordsworth 39
Literarischer Text, A 2; Inhalte: *Love; poetry; comment; play*

Aufgabe 8: *Hamlet* by William Shakespeare 44
Literarischer Text, A 2; Inhalte: *Shakespeare, Elizabethan theatre; plays; media*

Utopia and dystopia – exploring alternative worlds

Aufgabe 9: Farming is not like any old business 53
Sach- und Gebrauchstext, A 1; Inhalte: *utopia, science and ethics, economic and ecological issues, global challenges; the media; comment*

Aufgabe 10: *Frankenstein* by Mary Shelley 59
Literarischer Text, A 1; Inhalte: *Science fiction, science and ethics; narrative texts; comment*

Zentrale Abitur-Prüfungsaufgaben

Abiturprüfung 2007

Aufgabe 1: Extract from T. Coraghessan Boyle's novel *The Tortilla Curtain* (1996) 2007-1

Aufgabe 2: The New 'Sputnik' Challenges: They All Run on Oil 2007-9

Abiturprüfung 2008

Aufgabe 1: Extract from Manil Suri's novel *The Death of Vishnu* (2001) 2008-1

Aufgabe 2: Tony Blair's Lord Mayor's Banquet Speech 2008-9

Abiturprüfung 2009

Aufgabe 1: Joyce Carol Oates: *Dreaming America* 2009-1

Aufgabe 2: "Has anybody in Britain actually read *1984*?" 2009-8

Abiturprüfung 2010
Aufgabe 1: Edward Albee: *Who's Afraid of Virginia Woolf?* 2010-1
Aufgabe 2: Why it's time to give the Bard the heave ho! 2010-10

Abiturprüfung 2011
Aufgabe 1: Ian McEwan: *Solar* 2011-1
Aufgabe 2: Farewell to an India I Hardly Knew 2011-11

Abiturprüfung 2012
Aufgabe 1: William Shakespeare: *A Midsummer Night's Dream* 2012-1
Aufgabe 2: Only Connect 2012-11

Jeweils zu Beginn des neuen Schuljahres erscheinen die
neuen Ausgaben der Abitur-Prüfungsaufgaben mit Lösungen.

Autoren:

Herausgeber: Dr. Jochen Baier
Übungsaufgaben: Dr. Jochen Baier, Birgit Holtwick, Angela Obladen, Hannah Schmidt
Lösungen der Abitur-Prüfungsaufgaben: Dr. Jochen Baier

Vorwort

Liebe Schülerinnen, liebe Schüler,

bald werden Sie Ihre zentralen Abitur-Prüfungen im Fach Englisch ablegen. Wir möchten Sie auf Ihrem Weg zu einem guten Abschluss begleiten und Ihnen helfen, sich mit den Anforderungen des zentralen Abiturs in Nordrhein-Westfalen vertraut zu machen.

Mithilfe der folgenden Aufgaben und Lösungsvorschläge haben Sie die Möglichkeit, gezielt und umfassend in Ihre (nähere) Zukunft zu investieren. Der Hauptteil des Buches enthält eine Fülle von Beispielen für **konkrete Aufgabenstellungen**, die **typisch für das Zentralabitur** sind. Anhand von **Musterlösungen** können Sie herausfinden, in welchen Teilbereichen Sie Ihre Kompetenzen weiter verbessern müssen. Der Band enthält außerdem **alle Original-Prüfungsaufgaben** der letzten Jahrgänge mit ausführlichen Lösungsvorschlägen.

Bevor Sie mit den Beispielklausuren beginnen und eigene Lösungen formulieren, sollten Sie die Rahmenbedingungen und Hauptschwierigkeiten der Abiturprüfung in NRW analysieren. Nach unserer Erfahrung werden von Schülern zumeist die folgenden konkreten Fragen gestellt:

Was erwartet mich?
Welche Materialien muss ich bearbeiten?
Wie werden die Arbeitsanweisungen formuliert?
Welches Grundwissen benötige ich?
Wie baue ich eine Analyse auf?
Wie argumentiere ich sachgerecht am Text?
Wann und wie verwende ich Textverweise?
Wie zitiere ich?

Unsere Hinweise zu diesen Fragen werden Ihnen helfen, Inhalt und Form der Beispielklausuren besser zu verstehen und aus ihnen zu lernen.

Sollten nach Erscheinen dieses Bandes noch wichtige Änderungen im Zentralabitur 2013 vom Schulministerium Nordrhein-Westfalen bekannt gegeben werden, finden Sie aktuelle Informationen dazu im Internet unter:
www.stark-verlag.de/info.asp?zentrale-pruefung-aktuell

Schon jetzt wünschen wir Ihnen viel Erfolg bei Ihrem Zentralabitur.

Jochen Baier

Jochen Baier und Team

Stichwortverzeichnis

Albee, Edward 2010-1
American Dream 7; 2007-1, 11; 2009-1, 6; 2010-1; 2011-11
analysis VI, VII; 3, 10, 15, 20, 28, 35, 40, 50, 55, 62; 2007-3, 12; 2008-4, 12; 2009-2/3, 12; 2010-3, 12; 2011-5, 15; 2012-2
Anforderungsbereich II
anwendungsorientierte Aufgabenstellung siehe „creation of text"
Aufgabentyp II

Boyle, T. Coraghessan 2007-1
British and American traditions 1, 7; 2007-1, 9; 2009-1, 8; 2011-11
Brooke, Heather 2009-8
Buck, Pearl S. 13

cartoon 19
China 2007-11
class in the UK 1
classify VII; 54
comment VIII; 14, 16, 22, 26, 30, 37, 39, 42, 54, 57, 61, 64; 2007-9, 14; 2008-3, 11; 2009-2, 5; 2010-3, 12
compare IX; 2007-3, 6; 2008-3
comprehension II; 3, 9, 14, 20, 26, 34, 40, 49, 54, 61; 2007-4, 11; 2008-3, 11; 2009-3, 12; 2010-4, 12; 2011-4, 11
context siehe „comprehension"
creation of text VIII; 5, 11, 37, 42; 2007-7, 15; 2008-3, 11; 2009-6, 15; 2010-8, 16; 2011-8, 18
cultural diversity 2007-1; 2011-11

describe V; 2008-3; 2009-2; 2011-4, 14
discuss IX; 2007-3, 11; 2009-13; 2010-12; 2011-7, 17; 2012-2, 13
Drama siehe „play"

economic issues/economy 1, 13, 53; 2007-9; 2008-9; 2009-1; 2011-1, 11
Elisabethan theatre 44; 2010-10; 2012-1
energy crisis 2011-1
ethics siehe „moral issues"
ethnical issues 13, 18, 24, 32; 2011-11
evaluate, evaluation VIII; 20; 2009-10
examine 2007-11, 12; 2009-10; 2011-5
explain V; 9, 14, 34, 39, 49; 2008-11

film 2010-12
film script XII; 51
Friedman, Thomas L. 2007-9

Gedicht siehe „poem"
genetic engineering 53; 2010-1
globalisation, global challenges 13, 18; 2007-9; 2008-9; 2011-1, 11; 2012-11
Great Britain 1, 18, 32; 2008-9
Grundwissen XII

India, Indian culture 2007-11; 2008-1, 11; 2011-11
international peace-keeping 18

judge IX

letter X; 9, 11, 34, 37; 2007-1, 7; 2009-10; 2010-12; 2011-18
literarischer Text 7, 13, 39, 44, 59; 2007-1; 2008-1; 2009-1; 2010-1; 2011-1; 2012-1
love 39; 2008-1; 2010-1

Mandela, Nelson 24
McEwan, Ian 2011-1
media 1, 18, 32, 44, 53
Mexico 2007-1

migration 13, 32; 2007-1; 2011-11
moral issues 7, 13, 32, 59; 2007-9, 2009-8; 2010-1; 2011-1

New English literatures 2008-1
newspaper article 1, 18, 32, 53; 2007-9, 2009-8; 2010-10; 2011-11
novel 59; 2007-1; 2008-1; 2011-1

Oates, Joyce C. 2009-1
Operatoren II
orientation siehe „comprehension"
Orwell, George 2009-8
outline IV; 26; 2008-11; 2009-10

Pakistan 2008-1
play 7, 44; 2010-1
poem 39; 2009-1
point of view 2011-5
point out 2007-11
post-colonialism 13, 24, 32; 2007-1, 2008-1; 2011-11
produktionsorientierte Aufgabenstellung siehe „creation of text"

Quellenangaben siehe „Textverweise"

Rede siehe „speech"
renewable energy 2011-1

Sach- und Gebrauchstext 1, 18, 24, 53; 2007-9; 2008-9; 2009-8; 2010-10; 2011-11; 2012-11
science and technology 53; 2007-9; 2010-1;, 2011-1; 2012-11
science fiction 59
Shakespeare, William 39, 44; 2010-10; 2012-1
Shelley, Mary 59
short story 13
social issues 1, 32; 2007-1; 2009-8; 2011-11
South Africa 24
Soviet Union 2007-11
speculate 3
speech 24; 2007-9, 15; 2008-9; 2011-8
state IV; 39, 61
Stilmittel 13, 2010-3
Strukturierung eines Textes siehe „Textstruktur"
summarize/ sum up III; 20; 2007-3, 2010-3
Suri, Manil 2008-1

Technology siehe „science and technology"
Textstruktur XIII; 2011-5, 15
Texttyp I
Textverweise XV
Themen I
Transculturalism siehe „cultural diversity"

USA 7, 18; 2007-1, 2011-11
utopia and dystopia 53, 59; 2009-8; 2010-1; 2011-1

Williams, Tennessee 7
Wordsworth, William 39
write X; 3, 9, 34; 2007-3; 2008-11; 2009-2, 10; 2010-3, 12; 2011-8, 18

Zitate/Zitieren XVI

Hinweise und Tipps zum Zentralabitur 2013

1 Was erwartet mich?

In Ihrer Prüfung stehen Ihnen zwei Aufgaben zur Auswahl: Eine dieser Auswahlaufgaben basiert auf einem fiktionalen Text (z. B. einem Roman) und eine auf einem nicht-fiktionalen Text (z. B. einem Zeitungsartikel).
Zur Bearbeitung stehen Ihnen im Leistungskurs 4 ¼ Zeitstunden zur Verfügung –zusätzlich wird Ihnen für die Auswahl Ihres Themas eine halbe Stunde eingeräumt. Jede Auswahlaufgabe besteht aus einem **Materialteil** und einem **Aufgabenteil**. Als **Hilfsmittel** dürfen ein einsprachiges und ein zweisprachiges Wörterbuch verwendet werden.

2 Welche Materialien muss ich bearbeiten?

Im Materialteil finden Sie einen Text und/oder ein sonstiges Medium (z. B. eine Tabelle, ein Bild, einen Filmausschnitt). Die Texte sind Ihren Kurslehrern nicht bekannt, es wäre also Zufall, wenn Sie ausgerechnet den Abiturtext bereits im Unterricht behandelt hätten. Im Leistungskurs haben die Texte eine Länge von 600 bis 900 Wörtern. Gedichte, Songtexte u. Ä. sind von dieser Regel ausgenommen.
Jeder der Texte entstammt einer originalen englischsprachigen Quelle und lässt sich einem der **thematischen Schwerpunkte** der Oberstufe zuordnen. Laut den Vorgaben für die schriftlichen Prüfungen im **Abitur 2013** müssen die folgenden Themen in der Vorbereitungsphase behandelt werden:

- British and American traditions and visions
- Globalisation – global challenges
- Post-colonialism and migration
- Shakespeare – a literary "giant" in the 21st century
- Utopia and dystopia – exploring alternative worlds

Die Texte sind immer so ausgewählt, dass jeweils Querverbindungen zu den anderen Themenbereichen gezogen werden können. Der Materialteil ist also bis zu einem bestimmten Maße „halbjahresübergreifend".
Zusätzlich werden bestimmte Ausgangsmaterialien (Texte bzw. Texttypen) zugrunde gelegt, über die Sie auswendig Bescheid wissen müssen. Für den Jahrgang 2013 sind dies im Leistungskurs:

- Textformate der Druckmedien: Leitartikel der internationalen Presse
- Textformate der öffentlichen Rede: Politische Rede
- Paul Auster, *Moon Palace* (Roman) oder Aldous Huxley, *Brave New World* (Roman)
- William Shakespeare, *Much Ado About Nothing* (Drama)
- Shakespeare's sonnets and Elisabethan poetry (Lyrik)

3 Wie werden die Arbeitsanweisungen formuliert?

Der Aufgabenteil besteht üblicherweise aus drei Teilaufgaben.
- Die erste der drei Aufgaben zielt darauf ab zu prüfen, ob Sie das Material in seinen Grundzügen verstanden haben *(comprehension/orientation/context)*. Es geht für Sie also darum, die **zentralen inhaltlichen Elemente** zu erkennen, **in eigene Worte** zu fassen und ggf. in einen **größeren Zusammenhang** einzuordnen.
- Die zweite Aufgabe ist das Kernstück des Englischabiturs. Hier wird geprüft, ob Sie in der Lage sind, einen **Text zu analysieren**, d. h. im Detail zu untersuchen *(analysis)*. Erfahrungsgemäß fällt den Schülern dieser Aufgabenteil am schwersten. Üben Sie in diesem Bereich besonders viel!
- Bei der dritten Aufgabe gibt es zwei Grundtypen: Entweder sollen Sie einen wichtigen Themenaspekt **aus Ihrer persönlichen Sicht** heraus **kommentieren** bzw. **diskutieren** oder Sie sollen einen **kreativen Text verfassen** *(evaluation/recreation of text)*. In der Prüfung können Sie u. U. zwischen beidem wählen.

Für jeden der drei genannten Aufgabentypen gibt es charakteristische Formulierungen, die wir im Folgenden genauer erläutern wollen. Wir erklären insbesondere die Bedeutung der typischen Frageoperatoren wie z. B. „explain" oder „analyse". Das soll Ihnen helfen, die betreffende Aufgabe korrekt zu bearbeiten. Aber Vorsicht: Je nach Zusammenhang können die Wörter durchaus unterschiedliche Dinge bedeuten. Sie müssen also stets die gesamte Arbeitsanweisung genau lesen, um sicherzustellen, dass Sie in Ihrer Lösung auf alle geforderten Aspekte eingehen.

Anforderungsbereich Textverstehen: *comprehension/orientation/context*

Die reinen Verstehensaufgaben des ersten Anforderungsbereiches *(comprehension)* beziehen sich in der Regel strikt auf den Ausgangstext. Das Hinzufügen weiterer Informationen führt im schlimmsten Fall zu Punktabzügen. Dementsprechend sind die typischen Operatoren auf eine einfache Wiedergabe des Gelesenen ausgerichtet. Verwendet werden z. B. Wörter wie „**summarize**", „**state**", „**outline**", „**describe**" und „**explain**".

Bei einigen Aufgaben des ersten Anforderungsbereichs werden Sie zusätzlich dazu aufgefordert, den Zusammenhang zu erklären, in dem die Textvorlage steht *(orientation/context)*. Ein typisches Beispiel hierfür ist die erste Aufgabe der in diesem Buch enthaltenen Leistungskursklausur 5, die den historischen Kontext zu einer politischen Rede Nelson Mandelas abfragt. Fassen Sie sich bei einer solchen Aufgabe möglichst kurz, d. h. beschränken Sie sich auf das Wesentliche und verzichten Sie auf Details. Die Beachtung dieses Grundsatzes wird in der Aufgabenstellung oft explizit durch

die Adverbien „briefly“ oder „shortly“ eingefordert, gilt aber auch ohne diesen Hinweis.
Ihre ersten Arbeitsschritte zur Erfassung der Textbedeutung könnten sein:
- Lesen der Aufgabe
- Lesen des Textes (eventuell zweimal)
- Nachsehen unbekannter Wörter/Notieren von Stichwörtern
- Herausfiltern der wichtigen Informationen
- Formulierung der Hauptaussage des Textes in einem Satz
- (Rekapitulation von Vorwissen zum Kontext)
- erneutes Lesen zum Überprüfen des Textverständnisses

Bei der Formulierung der Ergebnisse zu den Aufgaben des ersten Typs tritt oft das Problem auf, dass Schüler sprachlich zu nah am Text bleiben. Der Grundsatz „use your own words“ gilt aber auch, wenn er nicht in der Formulierung der Arbeitsanweisung auftaucht.
Hier die Operatoren im Einzelnen:

Summarize/Sum up

Fassen Sie den Ausgangstext nach folgenden Regeln zusammen: Konzentrieren Sie sich auf das Wesentliche, indem Sie z. B. wörtliche Rede, Beispiele, statistische Angaben etc. weglassen. Verwenden Sie Ihre eigenen Worte und schreiben Sie stets in der Gegenwartsform des Simple Present (sehr wichtig!). Bei der Zusammenfassung von Kurzgeschichten oder Romanausschnitten kann Ihnen in der Arbeitsanweisung auch der Operator „retell (the story)“ begegnen – in diesem Fall verwenden Sie bitte die Zeitform, in der auch der vorgegebene Text steht.
Zitate sind unüblich – am besten verzichten Sie ganz darauf oder dosieren sehr, sehr sparsam. Textbelege sind Geschmackssache – am besten fragen Sie Ihren Kurslehrer nach seinen Wünschen. (Wir haben etwa 30 Lehrer befragt und dabei völlig unterschiedliche Antworten bekommen.)
Unter Umständen finden Sie eine Vorgabe, wie viele Wörter Sie maximal schreiben dürfen. Halten Sie sich an diese Grenze. Bei einer Überschreitung von mehr als 10 % wird die Note normalerweise herabgesetzt. Wird keine Vorgabe bezüglich der Wortzahl gemacht, so ist ein Drittel der Länge des Ausgangstextes ein gutes Daumenmaß.

- **Beispiel: Gedichtzusammenfassung**

  Summarize the main aspects of the poem “My Heart Leaps Up” in your own words. (siehe Übungsaufgabe 7)

  In dieser Aufgabenstellung werden zwei wesentliche Aspekte der Zusammenfassung nochmals explizit benannt, nämlich die Beschränkung auf die Hauptaspekte und die Verwendung eigener Worte. Bei Zusammenfassungen sollten Sie die einschlägigen Bezeichnungen für die Einzelteile der betreffenden Textform beherrschen (z. B. „first line“, „stanza“, „couplet“ bei Gedichten oder „headline“, „subheading“, „1st column“ bei Zeitungsartikeln).

– **Beispiel: Zusammenfassung einer aktuellen politischen Diskussion**
  Sum up what arguments Kofi Annan and Toni Blair bring forth to support their view of the war's legality. (siehe Übungsaufgabe 4)
  Hier müssen Sie nicht den gesamten Artikel zusammenfassen, sondern sich auf die Argumente der beiden Politiker beschränken. Das Herausfiltern wichtiger Informationen wird also in eine bestimmte Richtung gelenkt – die Aufgabe definiert bereits, was für die Bearbeitung „wichtig" und was „unwichtig" ist.

State
Benennen Sie etwas, legen Sie etwas dar. Die zusammenfassende Darlegung des Inhalts hat hier normalerweise die Form einer Auflistung mit kurzen Erläuterungen zu jedem Teilaspekt. Versuchen Sie, jeden einzelnen Aspekt durch ein Schlagwort plakativ zu kennzeichnen. Achten Sie dabei darauf, dass Sie für jeden Aspekt die gleiche Wortart benutzen, also etwa nur Nomen (z. B. „Freiheit", „Gleichheit", „Brüderlichkeit"). Verwenden Sie typische Bindewörter für Aufzählungen (z. B. „first", „second", „third", „then", „later", „finally", „additionally", „furthermore").
– **Beispiel: Gegenüberstellung moralischer Argumente in einem literarischen Kontext**
  State the pros and cons of fulfilling the "being's" wish to have a female conterpart. (siehe Übungsaufgabe 10)
  Hier drückt die Arbeitsanweisung den Auflistungscharakter besonders deutlich aus. Pros und Cons bilden trennbare Einzelaspekte – in diesem Fall die Vor- und Nachteile der Erschaffung eines weiblichen Partners für Frankensteins Kreatur –, die einzeln benannt und dargestellt werden können.

Outline (alternativ auch: ***point out***)
Geben Sie eine Übersicht, stellen Sie das Wichtigste heraus. Filtern Sie dabei etwas stärker als bei einer Zusammenfassung. Fertigen Sie quasi die Zusammenfassung der Zusammenfassung an und stellen Sie nur die absolut wesentlichen Elemente dar. Phrasen wie „above all the author deals with", „the text focuses on", „the gist of the passage is that" sind hier nützlich.
Weil der Operator „outline" den Ausgangstext am stärksten auf das Wesentliche reduziert, ist er oft mit der zusätzlichen Aufgabe verbunden, den Kontext des Textes darzustellen. Benutzen Sie die einschlägigen Phrasen, um Text und Kontext aneinander zu binden (z. B. „at the backdrop of", „in this context we have to [...]", „(the story) is framed by", „considering the (historical) fact that").
– **Beispiel: Kurzdarstellung des historisch-politischen Hintergrundes einer Rede**
  Briefly outline the historical events that led to Mandela's inauguration. Focus on the people he mentions. (siehe Übungsaufgabe 5)
  Sie sollen die historischen Ereignisse, die zu der vorliegenden Amtsantrittsrede geführt haben, kurz darstellen. Der Zusatz im zweiten Satz ist als Hilfestellung zu verstehen, da Sie anhand der von Mandela erwähnten Personen Text und Kontext miteinander verbinden können.

Describe
Beschreiben Sie etwas, z. B. einen textlichen Sachverhalt, eine bildliche bzw. grafische Darstellung.
Bei der Beschreibung dürfen Sie etwas detaillierter auf Einzelaspekte eingehen als bei den bisher genannten Frageoperatoren. Das Filtern von wichtigen Informationen ist zwar auch hier notwendig, steht aber nicht so sehr im Vordergrund der Aufgabe.

- **Beispiel: Beschreibung einer statistischen Grafik (z. B. zur Bevölkerungsentwicklung)**
  Describe the chart "Population Development".
  Hier geht es um die präzise Beschreibung eines Diagramms. Da der Lehrplan im Fach Englisch die Verwendung mehrfach kodierter Texte, Statistiken, Schaubilder etc. explizit für das Abitur vorsieht, ist es besonders wichtig, dass Sie sich mit den entsprechenden Redemitteln zur Beschreibung und Analyse solcher Medien vertraut machen (z. B. „on average the sum is", „it amounts to", „the percentage rises constantly", „there is a lull in the development").

Explain
Erklären Sie, erläutern Sie etwas.
Diesem Operator werden Sie sehr häufig begegnen. Sie sind aufgefordert, die logischen Zusammenhänge innerhalb des Ausgangstextes zu erklären und somit Ihr Verständnis unter Beweis zu stellen. Beachten Sie, was Sie genau betrachten sollen, denn an diesen Operator lassen sich sehr unterschiedliche Aufgaben anknüpfen. Oft wird er Ihnen daher auch im zweiten Anforderungsbereich, der Analyse, begegnen.
Bei Ihren Erklärungen sollten Sie diejenigen Bindewörter verwenden, die sachlogische Verknüpfungen betonen (z. B. „consistently", „accordingly", „in accordance with", „in contrast to", „by contrast", „owing to").

- **Beispiel: Erläuterung der Bedeutsamkeit einer dramatischen Konvention**
  Explain how the opening complies with the Elizabethan stage. (Übungsaufgabe 8)
  Hier reicht das einfache Textverständnis der Eröffnungsszene aus Shakespeares Drama *Hamlet* nicht aus, da zusätzlich Hintergrundkenntnisse verlangt werden. Sie sollen Ihr Wissen zum elisabethanischen Theater auf den vorliegenden Ausgangstext übertragen.

Useful Expressions **– Anforderungsbereich Textverstehen**

Funktion	**Sprachliche Wendung**
Den zusammenfassenden Charakter Ihres Texts herausstellen	• *To sum up/To summarize/Summarizing the main aspects … we can say that …* • *The gist of the given text is that …*
Die Themenaspekte hintereinander aufzählen	• *First / Second / Third* • *Firstly / Secondly / Thirdly* • *At the beginning; Then/later; In the end/finally/ eventually* • *Also/Beside/In addition/Additionally it should be remarked …*

	• *Further/Furthermore/Moreover the text elaborates on …*
Einen Zusammenhang herstellen: • Den Grund für etwas erläutern oder erklären	• *This is owing to the fact that …* • *This development is rooted in …* • *The basis of this is formed by the fact that …*
• Die Folge von etwas erläutern oder erklären	• *Accordingly … / In accordance with this* (= einer Regel folgend) • *This means that … / Consequently* (= zeitliche Folge) • *Consistently / Logically / Correspondingly* (= logische Folgen) • *(In the following) this leads to … / It follows that …* • *This results in …* • *Thus / Therefore / Hence*
• Einen Gegensatz ausdrücken	• *In contrast to this* • *But/However/Yet we can state that …*
Bezug nehmen auf etwas: Den Hintergrund eines Sachverhalts oder Texts mit einbeziehen	• *In/With regard to …; regarding …; with reference to …* • *At the backdrop of the (political) situation we need to emphasize that …* • *In this context it must be mentioned that …* • *Considering the (historical) fact that … we can say …*
Beispiele geben	• *This becomes obvious/visible when …* • *A good example is …* • *To illustrate this we can draw on …* • *With reference to line 12 it can be stated that …*
Ein kurzes Abschlussergebnis formulieren	• *In conclusion we can assess that …* • *Thus/therefore/all in all it can be said …* • *In a nutshell it can be summed up by saying that …* • *In short: … / In a word: …*

Anforderungsbereich Analyse: *analysis*

Die Analyseaufgaben erfordern vor allem eine detaillierte Untersuchung des Zusammenspiels von Form/Sprache und Inhalt. Dazu ist es notwendig, den Ausgangstext in seine Bestandteile zu zerlegen – nur so können Sie die Wirkung einzelner Stilelemente für das Ganze genau erklären. Bei allen einschlägigen Operatoren geht es vornehmlich darum, wie oder nach welchem literarischen Muster ein Text verfasst wurde – neben der klassischen Anweisung „analyse“ finden sich die Operatoren „classify“ oder „categorize“.
Der erfahrungsgemäß häufigste Fehler besteht darin, dass Schüler formale Elemente wie z. B. Metaphern nur benennen, ihre Funktion für das Ganze aber aus den Augen

verlieren. Wenn Sie in Ihrer Abiturklausur also nicht begründet vermuten können, mit welcher Absicht der Autor ein bestimmtes Stilmittel ausgerechnet an einer bestimmten Stelle verwendet hat, ist es wahrscheinlich besser, überhaupt nicht darauf einzugehen. Lehrer lesen in Schülerarbeiten oftmals viel zu allgemeine Erklärungen zur Funktion der in der Textvorlage enthaltenen Stilmittel. Da heißt es z. B. sinngemäß, dass die verwendeten Wortspiele *(puns)* den Ausgangstext der Klausur „leichter lesbar" machen oder dass die enthaltenen Alliterationen *(alliterations)* den Leser „besonders ansprechen". Das ist zwar u. U. nicht falsch, aber völlig unzureichend und damit im Hinblick auf die Bewertung Ihrer Abiturklausur kontraproduktiv! Nehmen Sie bei der Erklärung der Formelemente immer genau Bezug auf den Inhaltsschwerpunkt der Aufgabe.

Beispielsweise müssen Sie bei der Bearbeitung der Analyseaufgabe zu Thomas L. Friedmans Zeitungsartikel *The New Sputnik Challenges* (siehe 2007-9) über den Zusammenhang zwischen amerikanischem Ölkonsum und terroristischer Bedrohung darauf achten, dass Sie die die verwendeten Stilmittel zielgerichtet im Hinblick auf diesen Zusammenhang auswerten. In der Tat sind die Stilmittel nicht nur „nett zu lesen", sondern unterstreichen ganz konkret die Verknüpfung der beiden Sachaspekte:

> *The alliterative pun that a radical stream of Islam gets "fueled and funded" by oil (ll. 24/25) underlines that Friedman's fears are justified. Oil is more than just a raw material – it turns the scales of the world's economy and forms the basis for another new (terrorist) threat. In Friedman's argumentation "fuels" and "funds" are indeed as closely linked as the alliteration suggests.*

Die Aspekte, unter denen Sie die Texte analysieren sollen, werden in den jeweiligen Aufgabenstellungen genannt.

Ihre ersten Schritte zur Fertigstellung Ihrer Analyse könnten also sein:

- Definition des Schwerpunktaspekts anhand der Arbeitsanweisung
- Auffinden von formalen und sprachlichen Elementen
- Anstellen von Vermutungen über die konkreten Funktionen der Stilmittel
- Formulierung einer zusammenfassenden Aussage zur Funktion von Sprache und Form

Um bei der späteren Verschriftlichung Ihrer Ergebnisse die Rolle des Autors im Hinblick auf den Zusammenhang zwischen Form und Inhalt hervorzuheben, können Sie Formulierungen wie z. B. „(the author) employs", „deploys", „uses" oder „makes use of" benutzen. Durch solche Wendungen betonen Sie Ihre Erkenntnis, dass Form und Sprache bewusst und mit einem bestimmten Ziel eingesetzt werden.

Hier die Operatoren des zweiten Aufgabentyps im Einzelnen:

Analyse (alternativ auch: ***examine***)

Untersuchen Sie etwas im Detail.

Diesem Operator werden Sie vermutlich am häufigsten begegnen. Im Kern geht es darum, etwas zu ergründen, indem man es in seine Einzelteile „aufspaltet". Hat man jedes Teil einzeln untersucht, setzt man alle Ergebnisse zu einem Gesamtergebnis zusammen.

Achtung: Ähnlich wie „explain" kann auch „analyse" mit unterschiedlichen zusätzlichen Aufgaben verknüpft werden.

– **Beispiel: Stilmittelanalyse Drama**
  Analyse how tension is created. (siehe Übungsaufgabe 8)
  Bei dieser Aufgabe stehen rhetorische Mittel im Zentrum des Untersuchungsinteresses. Es gilt, ihre Wirkung in Bezug auf die erzeugte Spannung zu untersuchen.
– **Beispiel: Detaillierte Untersuchung einer Karikatur**
  Analyse how the cartoon makes a mockery of Toni Blair. (siehe Übungsaufgabe 4)
  Hier geht es um einen Cartoon und seine Wirkung. Sofern nicht schon in der ersten Aufgabe geschehen, können Sie die Karikatur erst detailliert beschreiben und den Kontext erläutern, bevor Sie untersuchen, was der Zeichner ausdrücken möchte.

Classify oder ***categorise***
Klassifizieren bzw. kategorisieren Sie etwas. Zeigen Sie, zu welcher Gruppe ein Text gehört und warum.
– **Beispiel: Typisierung eines nicht-fiktionalen Textes**
  Classify the article and analyse how different text type elements and stylistic devices convey the author's opinion. (siehe Übungsaufgabe 9)
  Die Aufgabe bezieht sich auf einen Zeitungsartikel, den es einzuordnen gilt. Der Zusatz macht deutlich, dass es nicht um einen neutralen Bericht geht, sondern dass der Journalist seine eigene Meinung vertritt. Es handelt sich also um einen Kommentar.

***Useful Expressions* – Anforderungsbereich Analyse**

Funktion	**Sprachliche Wendung**
Hauptergebnis nennen • Besonderheit des Texts gemäß Aufgabenstellung benennen	• *The text is characterized by …* • *The given passage clearly shows …* • *The text part is marked by/dominated by …*
• Text kategorisieren	• *The text given can be classified/categorized as …* • *This piece of fiction/non-fiction falls into the category "XY"*
Vorgliedern: Schwerpunkte für genauere Ausarbeitung setzen	• *A closer look must be taken at …* • *The focus must be on …* • *The crucial aspects are …*
Zusammenhang zwischen Sprache und Inhalt herausarbeiten • Gesamteindruck formulieren	• *The author mainly employs/deploys … (metaphors, similes etc.)* • *The text excerpt frequently uses/makes use of … (symbols, alliterations etc.)*
• einzelne Funktionen deuten	• *This element serves to show/symbolize …* • *The means functions as …* • *The stylistic device hints at …/insinuates that …* (= wirkt eher andeutend)

Anforderungsbereich Evaluation: ***comment/(re-)creation of text***

Die Konventionen, die Sie bei Ihrer Antwort zum dritten Aufgabenbereich beachten müssen, sind für jeden Operator unterschiedlich.
Wir empfehlen, folgendermaßen vorzugehen:
- Ermittlung des geforderten Texttyps anhand der Aufgabenstellung
- Rekapitulation der Besonderheiten des eingeforderten Texttyps
- Ideen und Stoffsammlung

Hier die Hinweise zu den einzelnen Frageoperatoren:

Comment
Kommentieren Sie, beziehen Sie begründet Stellung.
Machen Sie sich zunächst Ihre eigene Meinung zu dem Thema klar. Formulieren Sie Ihre Auffassung möglichst vorab in einem kurzen Satz und stellen Sie diesen Ihrem späteren Text als These voran. Sammeln Sie dann Argumente, die Ihre Position stützen und die Gegenposition entkräften. Bei der Suche nach geeigneten Belegen für Ihre Argumente sollten Sie sich sowohl auf den Ausgangstext als auch auf zusätzliche Informationen aus dem Unterricht und auf Ihr Allgemeinwissen stützen. Achten Sie darauf, eine logische Argumentation aufzubauen, und benutzen Sie Phrasen wie „to my mind“, „from my point of view“, „I believe“, „in my opinion“ etc., um den persönlichen Charakter des Gesagten zu betonen.
- **Beispiel: Politische Stellungnahme**
  "Understanding and friendship between people is frequently a victim of group pressure." Comment by referring to the story and to your background knowlegde about American culture. (siehe Übungsaufgabe 3)
  Bei diesem Thema bietet es sich an, Kenntnisse mit einzubeziehen, die außerhalb des Englischunterrichts erworben wurden. Nahe liegend wäre ein Transfer zum Erdkunde- und Soziologieunterricht. Allgemein ist es sinnvoll, spätestens während der Qualifikationsphase regelmäßig die Fernsehnachrichten (evtl. sogar auf Englisch) zu verfolgen und eine Tageszeitung zu lesen, um für politische Themen besser gewappnet zu sein.

Evaluate (oft ähnlich: „state your personal opinion“)
Bewerten Sie etwas.
Diese Aufgabenform ist eine Unterform des Kommentars, die stark auf Ihre persönliche Meinung zur Qualität einer Sache oder eines gedanklichen Konstrukts ausgerichtet ist.
- **Beispiel: Bewertung einer künstlerischen Leistung**
  Evaluate to what extent the cartoon is suitable to illustrate the article's contents. (siehe Übungsaufgabe 4)
  Es gilt zu bewerten, inwieweit der Cartoon die Aussage des Artikels untermauert. Zur Begründung Ihrer Einschätzung sollten Sie sich sowohl auf die bildliche Gestaltung des Cartoons als auch auf Textbelege aus dem Artikel stützen.

Judge
Beurteilen Sie etwas.
Diese Aufgabenform entspricht dem Kommentar, deutet aber an, dass in Ihren Ausführungen ein moralischer oder philosophischer Aspekt enthalten sein soll.

- **Beispiel: Literaturphilosophischer Essay zu den Schlusszeilen eines Shakespeare-Sonetts**
  Judge Shakespeare's thesis concerning the relation between art and eternity brought forth in the conclusive couplet of Sonnet 60.
  Um die in Shakespeares Gedicht geäußerte These, dass sein Gedicht die darin beschriebene Person unsterblich macht, zu beurteilen, können Sie sich auf andere literarische oder künstlerische Werke (z. B. Film oder darstellende Kunst) beziehen. Denkbar sind Querverbindungen zum Unterricht in den Fächern Kunst, Literatur, Philosophie oder Religion.

Discuss
Diskutieren Sie eine Position, wägen Sie ihr Für und Wider ab.
Dieser Operator wird in vielerlei Hinsicht synonym zu der Anweisung „comment" benutzt. Der entscheidende Unterschied besteht allerdings darin, dass bei einer Diskussion das neutrale Abwägen deutlich mehr Platz einnehmen sollte als beim Kommentar. Es ist daher durchaus zulässig und sinnvoll, am Anfang Ihres Textes Ihre Meinung noch etwas zurückzuhalten und den zentralen Diskussionspunkt lediglich in Form einer Frage oder eines Schlagwortes zu umreißen: Wenn in der Aufgabenstellung nur ein Schlagwort genannt wurde, formulieren Sie am besten eine Frage und umgekehrt. Anders als beim Kommentar ziehen Sie bei der traditionellen Form der Diskussion erst am Ende Ihr persönliches Fazit. Modernere Formen der Diskussion ähneln allerdings stärker dem Kommentar und verraten die Meinung des Verfassers früher – wenn Sie sich für diese Form entscheiden, wird eine neutrale Argumentation schwieriger, Ihr Text aber vielleicht insgesamt eleganter.

- **Beispiel: Pro und Contra eines fiktiven Lebensentwurfs**
  Discuss América's dream (cf. ll. 29–31) and compare it to similar and different versions of the American Dream you have come across in literary and/or non-literary texts. (siehe 2007-3)
  Sie sollen einen argumentativen Text schreiben, in dem Sie das Für und Wider der dargestellten Position abwägen und so zu einer begründeten eigenen Stellungnahme kommen, die Sie zusätzlich mit Ihrem Hintergrundwissen abgleichen. Dazu ist noch ein weiterer Operator enthalten, nämlich:

Compare
Vergleichen Sie mehrere Phänomene aus Ihrer ganz persönlichen Perspektive.
Mit diesem Operator werden Sie dazu gezwungen, Ihr Vorwissen über ein Thema mit dem vorliegenden Prüfungstext in Beziehung zu setzen. Normalerweise wird hier die zusätzliche Aufforderung zur persönlichen Kommentierung oder Diskussion hinzugefügt, aber wenn der Operator „compare" im Anforderungsbereich Evaluation eingesetzt wird, dann gilt dies auch unausgesprochen.

- **Beispiel**: siehe oben (→ *Discuss*)

Useful Expressions – **Anforderungsbereich Evaluation**

Funktion	**Sprachliche Wendung**
Vorüberlegung anstellen, Bedingung aufstellen	• *Assuming that/provided that/in case that …*
These formulieren	• *(Undoubtedly) it can be assessed …*
Persönliche Meinung betonen	• *To my mind …* • *I believe that …* • *In my opinion / From my point of view …* • *Personally I assume that …*
Aufwerten von eigenen Argumenten	• *It speaks for (itself) … / It proves that …* (= Argument in sich logisch oder belegbar) • *Undoubtedly … / It can be taken for granted that …* (= Feststellung selbstverständlich)
Abwerten von Gegenargumenten	• *This can be countered/nullified by the fact that …* • *XY's idea can be weakened by/countered by …* • *YX's conclusion is not convincing because …*
(Andere) Sachverhalte ausblenden	• *Apart from that … / Regardless of that …* • *Nevertheless … / Nonetheless* (= dennoch) • *Even though … / In spite of the fact that …* (= obwohl)
Vergleichen	• *In comparison to that …* (offener Vergleich) • *On the one hand … on the other (hand) …* • *Likewise … / Similarly …* (= Ähnlichkeit betonen) • *Unlike …* (= Unterschied herausstellen)
Auf den Punkt bringen, (zentrales) Ergebnis erneut ausdrücken	• *To put it differently … / That is to say that …* • *Simplified that means …* (= vereinfacht ausgedrückt) • *To put it graphically/metaphorically …*

Write

Schreiben Sie einen Text.

Dieser Operator leitet in der Regel eine kreative Aufgabe ein – in den Kopfzeilen der Prüfungsbögen finden Sie dafür den Begriff „anwendungs-/produktionsorientierte Aufgabenstellung". Da Ihrem Kurslehrer keine Angaben dazu gemacht werden, welche Texttypen Sie in der Abiturprüfung abfassen sollen, wird er sich bemühen, Sie in den zwei Jahren mit möglichst vielen verschiedenen Textformaten bekannt zu machen. Es ist sicher sinnvoll, wenn Sie sich selbstständig und kontinuierlich eine Übersicht über die behandelten Formate und die damit verbundenen Konventionen erarbeiten. Die folgenden Beispiele können nur eine Auswahl aus dem großen Kanon bieten.

- **Beispiel: Leserbrief**
  In 2004, the Independent was named "National Newspaper of the Year" at the British Press Awards. It was given the award for its move to a compact edition. Against the background of this article, write a letter to the editor in which you argue whether the newspaper also deserves the award for its contents.
  (siehe Übungsaufgabe 6)
  Der Leserbrief ist im Grunde ein klassischer Kommentar, bei dem Sie zusätzlich die Konventionen eines formalen Briefes beachten müssen, d. h. Absender und Anschrift im Briefkopf sowie Anrede und Schlussformel. Sie müssen angeben, auf welchen Artikel Sie sich beziehen, und im Folgenden Ihren Standpunkt kurz, präzise und bestimmt (aber höflich) deutlich machen.
- **Beispiel: Persönlicher Brief**
  Before committing suicide, Skipper writes a letter to Brick. Write the letter.
  (siehe Übungsaufgabe 2)
  Im Gegensatz zum Leserbrief sollten Sie beim persönlichen Brief aufgrund des situativen Kontextes auf den Briefkopf mit Absender und Anschrift verzichten. Sprachlich ist ein persönlicher Brief natürlich sehr viel informeller als ein Geschäftsbrief. Besonders in diesem speziellen Fall ist es sinnvoll, viele Gefühlsausdrücke einzubringen und natürlich einen plausiblen Grund für Skippers Selbstmord anzugeben.
- **Beispiel: Dialog**
  Write a fictitious dialogue between an "Upper" and "Downer". (siehe Übungsaufgabe 1)
  Beim Schreiben eines Dialogs müssen Sie sich zunächst vergegenwärtigen, welches Sprachregister der Situation und den Sprechern angemessen ist. In diesem Fall soll ein Dialog zwischen einem Mitglied der britischen „upper class" und einem Vertreter der „lower class" geschrieben werden. Die Stilebene sollte also die Zugehörigkeit zur jeweiligen sozialen Klasse deutlich machen. Mit anderen Worten: Man muss auf den ersten Blick erkennen können, ob ein Lord oder ein Hausmeister einen bestimmten Satz des Dialogs gesagt hat. Vermeiden Sie jedoch generell eine übertriebene Verwendung von Schimpfwörtern und Kraftausdrücken.
- **Beispiel: (Teil einer) Kurzgeschichte**
  Imagine what is going on in América's mind when she turns around at the foot of the trail and looks back toward Cándido (cf. ll. 49–51). Write down her thoughts using a first-person point of view. (siehe 2007-3)
  Beim Schreiben eines Erzähltextes sollten Sie sich normalerweise zunächst darüber Gedanken machen, welcher Erzähler und welche Erzählperspektive für Ihr Vorhaben am besten geeignet sind. Haben Sie einen Entschluss gefasst, dann müssen Sie diesen konsequent umsetzen. Des Weiteren müssen Sie sich für ein Tempus entscheiden; dies wird in der Regel das *Simple Past* sein. Da Sie aufgrund der Kürze der Zeit immer nur eine „kurze Kurzgeschichte" schreiben können, sollte die Handlung gleich mit dem ersten Satz beginnen. Beschreiben Sie dann das *Setting*, um eine zur Handlung passende Atmosphäre zu schaffen. Dies gelingt insbesondere durch den Gebrauch verschiedener Adjektive und Adverbien. Wenn Sie

freie Hand haben, entwickeln Sie die Handlung konsequent bis zum Wendepunkt der Geschichte oder lassen Sie den Höhepunkt mit dem Ende zusammenfallen. Das Ende sollte im Idealfall überraschend und/oder offen sein. Im Beispiel oben werden Ihnen allerdings die meisten dieser Schritte genau vorgegeben – so müssen Sie z. B. einen Ich-Erzähler verwenden und sich auf eine bestimmte Stelle der Handlungsfolge konzentrieren.

- **Beispiel: Dramatische Szene**
  Creative writing: Write an additional part to the scene in which Caesar's ghost appears in Shakespeare's "Julius Caesar".
  Beim Füllen von Leerstellen kommt es darauf an, dass sich Ihr Zieltext möglichst ohne Bruch an den Ausgangstext anfügt bzw. in ihn einfügt. Sie müssen also ggf. Übergänge schaffen und insbesondere darauf achten, dass das Verhalten der Figuren zur Textvorlage passt – dies schließt auch die Sprache mit ein. In unserem Beispiel handelt es sich um einen Dramentext, sodass Sie einerseits Repliken der Figuren und andererseits Regieanweisungen schreiben müssen. Die Regieanweisungen enthalten im Allgemeinen Angaben zu Ort und Zeit und geben Auskunft darüber, wie sich die Figuren auf der Bühne bewegen und wie sie sprechen – allerdings gilt dies bei einem Shakespearetext nur bedingt. Bei einem Erzähltext müssen Sie vor allem darauf achten, dass Sie die Erzählsituation des Ausgangstextes konsequent weiterführen.
- **Beispiel: Rede**
  You are a guest student at an American college where Friedman's suggestion to introduce a gasoline tax is hotly debated among many of the students. One of your teachers makes you prepare a speech for or against this suggestion. Write a short speech to be held in class in which you refer to Friedman's article and argue from the perspective of a young European. (siehe 2007-11)
  Bei einer Rede handelt es sich um einen formalen Text, entsprechend gewählt müssen Sie sich ausdrücken. Beginnen Sie, indem Sie Ihre Zuhörer begrüßen und das Thema Ihrer Rede präsentieren. Ähnlich wie bei einem Kommentar versuchen Sie danach, Ihr Publikum von Ihrem Standpunkt zu überzeugen, indem Sie z. B. Beispiele und Fakten anführen. Diese entstammen wiederum dem Ausgangstext und sollten nach Möglichkeit durch weitere Hintergrundinformationen ergänzt werden. Setzen Sie außerdem gezielt Stilmittel ein, um eine höhere Wirkung zu erzielen. Am Ende fassen Sie Ihren Standpunkt nochmals kurz zusammen und bedanken sich für die Aufmerksamkeit.
- **Beispiel: Filmdrehbuch**
  Explain the first couple of shots you would use to begin a Hamlet film.
  (siehe Übungsaufgabe 8)
  Auch wenn hier der Operator „write“ nicht vorkommt, geht es doch um ein kreatives Verfahren. Sie sollen den Ausgangstext in ein Filmskript umwandeln und die ersten vier Einstellungen beschreiben. Zur Vorbereitung Ihres Zieltextes sollten Sie ein so genanntes Storyboard anlegen, in dem Sie sich für jede Einstellung Notizen zu den folgenden Kategorien machen: *intended effect – setting – characters/ action – dialogue – camera (field size, movement, position, angle) – sound/music*

– *lighting*. Überlegen Sie zunächst, welche Wirkung Sie mit der jeweiligen Einstellung erzielen wollen, und stellen Sie dann sicher, dass Ihre Eintragungen in den anderen Kategorien diesen Effekt auch tatsächlich hervorbringen. Nach dieser Vorarbeit gilt es, die entstandene Tabelle unter Verwendung entsprechender Fachtermini zu versprachlichen.

4 Welches Grundwissen benötige ich?

Zur erfolgreichen Anfertigung einer Zentralabiturklausur benötigen Sie vor allem methodische, inhaltliche und sprachliche Kompetenzen.

Methode: Weiterführende methodische Übungen finden Sie in dem Band *Training Englisch – Grundlagen, Arbeitstechniken und Methoden* (Best.-Nr. 944601) des Stark Verlages. Erfahrungsgemäß besteht ein unbedingter Übungsbedarf im Hinblick auf den zweiten Aufgabentyp. Die einschlägigen Methoden zur Textanalyse, aber auch zum Schreiben kreativer Texte können Sie sich besonders einprägsam mithilfe der Multimedia-CD-ROM *My Baby's Bracelet by Edwina Dakin – Interaktive Lernsoftware* erarbeiten. In diesem interaktiven Theaterstück wird neben kommunikativen Übungen besonderer Wert auf die Stilmittelanalyse und das so wichtige Einüben von Zitier- und Belegtechniken gelegt (**www.digital-edutainment.com**).

Inhalt: Es ist sicher empfehlenswert, zu jedem der fünf Themengebiete eine Zusammenfassung der im Unterricht erarbeiteten Inhalte anzufertigen – praktikabel ist ein Umfang von ca. zwei bis vier Seiten. Gute Anregungen und Hintergründe finden Sie in den nachfolgenden Beispielklausuren und u. a. in den Büchern „Abitur-Wissen Englisch: Landeskunde Großbritannien“ (Best.-Nr. 94461), „Abitur-Wissen Englisch: Landeskunde USA“ (Best.-Nr. 94463) und „Abitur-Wissen Englisch: Literaturgeschichte“ (Best.-Nr. 94465) des Stark Verlages.
Wir haben gute Erfahrungen damit gemacht, wenn Schüler ihre Zusammenfassungen mit einigen kurzen Zitaten oder wichtigen Daten „ausschmücken“, die **nicht** aus dem Unterricht stammen – wenn Sie ein paar davon in Ihre Abiturklausur einbringen können, wertet das Ihre Arbeit u. U. deutlich auf. Achten Sie darauf, dass Sie in einem solchen Fall eine Quelle angeben.
Im Hinblick auf das moderne amerikanische Drama und den American Dream bietet das oben empfohlene Selbstlernprogramm von digital-edutainment.com eine wertvolle Ergänzung zum Oberstufenunterricht.

Sprache: Zur zusätzlichen sprachlichen Schulung empfehlen wir die beiden Bücher „Abitur-Training Englisch: Themenwortschatz“ (Best.-Nr. 82451) und „Abitur-Training Englisch: Grammatikübungen“ (Best.-Nr. 82452) des Stark Verlages.

5 Wie baue ich eine Analyse auf?

Viele Schüler beginnen bereits mit dem Schreiben, wenn Sie die Aufgaben lesen – obwohl man Ihnen wahrscheinlich schon viele Male gesagt hat, dass dies nicht sinnvoll ist. Andere machen zuerst eine Materialsammlung und schreiben dann. Oft denken diese Schüler dann, ihr Text habe eine gute Struktur, während der Lehrer diese Auffassung nicht teilt. Dies liegt oft nicht einmal am Fehlen der Struktur, sondern daran, dass der Lehrer sie nicht erkennen kann. Versuchen Sie also, dem Korrigierenden das Auffinden der Struktur zu erleichtern – sie muss ihm geradezu ins Auge springen. Wenn der Korrigierende bereits zu Beginn des Lesens weiß, was Sie sagen wollen, wird er Ihre Ausführungen besser verstehen.
Folgen Sie also der nachstehenden Regel:

> Schreibe, was du schreiben willst;
> schreibe es;
> schreibe, was du geschrieben hast,
> aber wiederhole dich nicht.

Das heißt, dass es ein einfaches dreiteiliges Muster für einen „**wohlstrukturierten**“ **Text** gibt. Wenn Sie möchten, können Sie dieses Muster insbesondere bei den schwierigen analytischen Antworten (Aufgabe 2) oder bei den persönlichen Stellungnahmen (Aufgabe 3 a) anwenden.

Teil 1 – Einleitung

Denkbar ist, dass Sie mit einem **Teaser** beginnen, d. h. mit einem spannenden Sachverhalt, der Interesse für das Thema weckt. Danach sollten Sie die Hauptaussagen Ihres Textes zusammengefasst darstellen – etwa in Form einer **These**. Arbeiten Sie also getreu dem Motto „das Wichtigste kommt zuerst“ (auf Englisch sagt man: „First things first.“). Hier ein Beispiel aus einer Abiturklausur zu Thomas L. Friedmans Artikel *The New ‘Sputnik’ Challenges* (siehe 2007-9). Die Aufgabe ist es, zu analysieren, wie die Argumentationsstruktur und die stilistischen Mittel verwendet werden, um die Überzeugungskraft des Artikels zu steigern:

> *The persuasive power of Friedman's text is owing to a catchy title, a clear and coherent argumentative structure as well as to the deployment of stylistic devices like direct address, informal tone, strong appeals, rich symbolism and speech rhetoric.*

Wenn Sie sicher sein wollen, dass Sie bei Ihrer Antwort „das Wichtigste“ auch erfasst haben, greifen Sie bei der Formulierung der Hauptaussage einfach die Formulierung der gestellten Aufgabe auf (siehe 2007-11, 13).
Viele Schüler machen den Fehler, dass sie das eigentliche Ergebnis ihrer Arbeit erst am Ende präsentieren. Das wirkt dann so, als hätten sie es beim Schreiben herausgefunden (manchmal stimmt das ja sogar). Ein guter Tipp: Wenn Sie Ihr Hauptergebnis beim Schreiben der Einleitung wirklich noch nicht kennen, lassen Sie einfach eine halbe Seite frei und schreiben diesen Teil am Schluss.

Im Anschluss an die Hauptaussagen Ihres Textes sollte eine sogenannte **Vorgliederung** stehen. Sie zählen auf, welche Teilergebnisse Sie zu Ihrem Hauptergebnis geführt haben. So weiß der Lehrer, was ihn im Folgenden erwartet. Viele Schüler gestalten das wie eine Versuchsbeschreibung:

In order to show how Friedman creates a strong persuasive power I will show how the catchy title and the clear argumentative structure are used in the text. Further I will prove that stylistic devices like direct address, informal tone, strong appeals, and rich symbolism also contribute to the effect of the article. Finally I will have a look on how Friedman uses speech rhetoric as well.

Besser ist es aber, eine solche Vorgliederung direkter und sachbezogener zu formulieren und sie in die Darstellung Ihres Hauptergebnisses zu integrieren (siehe oben).

Teil 2 – Hauptteil

In der Reihenfolge Ihrer Vorgliederung sollten Sie nun die von Ihnen genannten **Aspekte abarbeiten**. In unserem Beispiel wurde als Erstes der Titel als stilistisches Mittel angeführt. Der Anfang des Hauptteiles könnte also folgendermaßen aussehen:

The heading refers to an (almost forgotten) historical incident from the 1950s which showed that the space programme of the USSR was more successful than the American one at the time. Thus the "Sputnik" can be understood as a symbol of an important challenge to America's status and its predominance.

Diese und jede weitere Ihrer Behauptungen sollten Sie erläutern und mithilfe von Textbelegen und Zitaten beweisen:

The significance of the term "Sputnik", which is explained in the third sentence of the news story, catches the reader's attention because Friedman presents it as a current issue by adding the adjective "new". As Friedmann seems to be able to easily recall the old "Sputnik challenge" the reader trusts in his explanation of the "New 'Sputnik' Challenges", which he goes on to highlight. The subheading also shows expertise and involvement because it uses Friedman's personal experience as an additional teaser.

Jeder **Analyseabschnitt** sollte ins Detail gehen und also mehrere Sätze umfassen. Machen Sie nach jedem Teilaspekt Ihrer Analyse einen Absatz, um die Struktur Ihres Textes zu kennzeichnen. Verwenden Sie *connectives* wie z. B. „additionally", „furthermore" oder auch „in contrast to", um die Absätze logisch zu verbinden.

Teil 3 – Schluss

Der Schluss fasst die Ergebnisse zusammen. Oft wird noch ein zusätzlicher Aspekt eingebracht, der die vertretenen Auffassungen in Ihrer Gesamtheit bestätigt:

This time a determined reaction by the American people is needed: the consumers have to exert their power on companies like "G. M., Ford and DaimlerChrysler" (l. 50) – and they have to do it right now if they want to avoid the "decline of (the American) way of life" (l. 57).

Alternativ können Sie eine sachliche Bemerkung anfügen oder einen Ausblick in die Zukunft wagen.

6 Wie argumentiere ich sachgerecht am Text?

Ihre methodischen Fähigkeiten bei der Textanalyse spielen eine zentrale Rolle für die Qualität Ihrer Leistung. Um sachgerecht am Text zu argumentieren, ist es entscheidend, dass Sie Ihre Auffassungen mithilfe von Verweisen und Zitaten belegen.

7 Wann und wie gebe ich Textverweise?

Ein bloßer Textverweis reicht immer dann aus, wenn sich die Bestätigung für Ihre Auffassung ohne nähere Erläuterung aus dem Material ergibt. Sie wollen also mit dem Textverweis nur zeigen, auf welche Stelle Sie sich konkret beziehen, d. h. woher Sie Ihre Informationen haben. In diesem Fall stehen Ihnen eine kurze und eine lange Form zur Wahl:

The strong appealing character of the article is enhanced by rhetorical questions (l. 37) and the repeated usage of the word "if" (l. 29; l. 30).
The strong appealing character of the article is enhanced by rhetorical questions in line 37 and the repeated usage of the word "if" in line 29 and in line 30.

Etwas komplizierter wird es, wenn Sie sich auf eine Stelle beziehen, die sich über mehrere Zeilen erstreckt. Hier müssen Sie nämlich bei den Zeilenangaben die Pluralformen verwenden:

(ll. 2/3) oder bei mehr als zwei Zeilen (ll. 2–35)
lines 2/3 oder bei mehr als zwei Zeilen lines 2–35

Wenn Sie Seitenzahlen angeben müssen, verwenden Sie die Abkürzungen „p." oder „pp." und beachten Sie bei der langen Form, dass es stets „on page" bzw. „on pages" heißt. Bei Zeitungsartikeln benötigen Sie manchmal den Begriff „column" (Spalte). Beziehen Sie sich mehrfach hintereinander auf dieselbe Stelle, so schreiben Sie „ibid" oder „ibid." (genau an derselben Stelle).

8 Wie zitiere ich?

Beim Zitieren gibt es zwei grundlegende Vorgehensweisen. Entweder binden Sie das Zitat in einen Ihrer Sätze ein oder Sie zitieren einen vollständigen Satz, der dann für sich alleine steht. Sie gliedern also das Zitat aus Ihrem Fließtext aus. Die Länge der Zitate sollte im ersten Fall höchstens 1 bis 1,5 Zeilen betragen, im zweiten Fall höchstens 3 bis 4 Zeilen. Sie müssen jedes Zitat mit Anführungszeichen beginnen und abschließen. Wichtig: Im Englischen stehen die „Gänsefüßchen" ausschließlich oben, auch vor dem "Zitat".

Einbindung: Bei der Einbindung eines Zitats in Ihren persönlichen Text ist es entscheidend, dass sich aus Ihren eigenen und den zitierten Worten eine **grammatikalisch und inhaltlich** richtige **Gesamtkonstruktion** ergibt:

Just as the "little steel ball" of good old Sputnik (ll. 17/18) called for a quick reaction by the US government (the "Eisenhower administration", l. 4) the new Sputniks require a "big" change in behaviour (l. 50).

Ob Sie korrekt gearbeitet haben, können Sie ganz einfach prüfen, indem Sie sich vorstellen, der ganze Satz wäre von Ihnen: Macht er Sinn?
Um fremde und eigene Textteile anzupassen, dürfen Sie das Zitat kürzen, ergänzen oder verändern. Wenn Sie das tun, müssen Sie dies jedoch unbedingt kennzeichnen. Eine gängige Möglichkeit ist es z. B., dass Sie die Stellen, die Sie weglassen, durch eckige Klammern ersetzen. Erweiterungen oder Veränderungen umschließen Sie dagegen mit runden Klammern:

Just as the "[...] steel ball" of good old Sputnik (ll. 17/18) called for a quick reaction by the US government (the "Eisenhower administration", l. 4) the new Sputniks require a "big" change in behaviour (l. 50).

Just as the "(dangerous) little steel ball" of good old Sputnik (ll. 17/18) called for a quick reaction by the US government (the "Eisenhower administration", l. 4) the new Sputniks require a "big" change in behaviour (l. 50).

So können Sie jedes Zitat an Ihren Text anpassen, als Faustregel gilt jedoch: je weniger Veränderungen desto besser.
Ausgliederung: Soll ein Zitat für sich alleine stehen, muss ihm eine Einleitung vorangestellt werden. Am Ende dieser Einleitung steht immer ein Doppelpunkt. Die Einleitung gibt eine Information über den Ursprung des Zitats, insbesondere über den Urheber und den Zusammenhang, aus dem die zitierte Passage stammt. Oft wird im im Rahmen des einleitenden Satzes eine inhaltliche Zusammenfassung gegeben.

The subheading also shows expertise and involvement because it uses Friedman's personal experience as an additional teaser: "I came to Detroit looking for the hottest American cars. Instead I found Sputnik." (ll. 2/3).

Bei einem für sich allein stehenden Zitat ist es wichtig, dass Sie im Anschluss daran auch mit dem gewählten Textabschnitt arbeiten, d. h. dass Sie das Zitat ausführlich interpretieren, es „ausdeuten".

Übungsaufgaben

Abiturprüfung NRW – Englisch Leistungskurs: Aufgabe 1
British and American Traditions and visions

Aufgabentyp: *Sach- und Gebrauchstext, A 2 (analytisch-interpretierende Textaufgabe mit anwendungs-/produktionsorientierter Aufgabenstellung)*
Unterrichtsinhalte: *British traditions, landmarks in British history, class, social issues; the media; composition of dialogue*

Uppers, Downers and the myth of classless Britain

The idea that our island is becoming more egalitarian is one of our more dangerous illusions

At first glance, it would seem that something – guilt, perhaps – has sent the former head of Mrs Thatcher's policy unit, Ferdinand Mount, clean round the twist. Educated at expensive private schools and in possession of what he calls "a languid upper-class voice and a semi-dormant baronetcy", Mount has written a book in which he suggests that those at the bottom of the economic ladder should be encouraged to move to the countryside where they would be given, or sold cheaply, small plots of land on which they could build houses.

Too much importance has been attached to farming and to old-fashioned landscape, too much power given to planning authorities, according to Mount. John Prescott's building programme does not, if anything, go far enough. Villages and farmers should be encouraged to sell off fields for housing estates and landowners should be empowered to sell 10 per cent of their land, up to 10 acres, for the same purpose.

Mind the Gap, the book in which these startling ideas are proposed, is propelled by a sense of rage at what Mount argues is one of the great lies of our times – that Britain has, over the last three decades, become less divided by class. The opposite is the case, he claims. Under the government which he served and its successors, Conservative and Labour, it is not only the economic gulf between rich and poor that has grown. A more insidious social division, marked by mutual suspicion and misunderstanding, between the haves and have-nots – "Uppers" and "Downers", as he calls them – has developed.

Even those of us who dispute whether transferring inner-city problems into the hills and meadows is a sensible solution would probably agree that Mount has hit on an embarrassing truth. At a time of unprecedented prosperity and under a government elected on a platform of social justice, part of the British population is more excluded, alienated and generally without hope than ever before.

In a way, the problem is post-class. The rise of a new aristocracy, based on fame rather than birth, has helped to erode the old snobbish certainties. Those who once would have been considered distinctly common (Tracey Emin, David Beckham, Kate Moss) now represent the epitome of confidence and style while naffness is, more often than not, to be found among the ranks of former toffs (Lord Brocket, Jeremy Clarkson, Prince Andrew).

Instead of a moderately mobile, graded society, we now have a single great and gaping divide between those who can share the benefits of early 21st-century life and those who have simply been left behind. For these people, a sort of siege mentality has set in. Because they have no investment in the community and no hope that it will provide any sort of change in their lives, their prevailing mood is aggressively defensive and antisocial – and who, honestly, could blame them?

Mount argues that members of the privileged majority, can, for the first time, live out their days hardly meeting the Downers, seeing only caricatured versions of them on TV soaps. This surely is to underestimate the influence of the new style of documentary. Reality TV and fly-on-the-wall shows could hardly exist without contributions from Downers. Night after night, they appear on our screens, foul-mouthed and leery in a programme about girl gangs, surly and tearful in *Wifeswap*, raucous and randy on one of the many prurient glimpses into the behaviour of young British holidaymakers abroad.

What these programmes have in common is the attitude of those who appear in them. Utterly at ease in front of the camera, they seem to enjoy being shocking or unco-operative, to luxuriate in their own nastiness. It seems as if they have realised that this is the part they have been allotted and that they are now prepared to play it to the hilt.

Even when these tours of life among the underclass are motivated by concern and directed with sensitivity, the effect on Uppers sitting, appalled, at home is the same. The message conveyed is that these are people unlike us, utterly beyond the pale of civilised society. In front of our TVs, we sigh, shake our heads, wonder whether it is not time to invest in a burglar alarm, and turn with relief to *Sex and the City*.

Class has become part of the entertainment industry. It provides viewers with pleasurable shudders of horror and disapproval, a peep into the underworld that makes our own cosseted lives feel that much comfier. Programmes that capture the Downer way of life not only point up the growing division between those with a future and those mired in hopelessness, but subtly add to it. Viewers are likely to share the fatalistic view that has taken hold in the Home Office – that encouraging those on sink estates to change and contribute is a fantasy enjoyed by "the liberati", that only a regime of authority, of increasingly punitive anti-social behaviour orders, can provide a solution.

The idea that our little island is becoming less bigoted, more egalitarian and classless is one of our more dangerous illusions. Who would have thought that it would take a former Thatcherite to point it out? *(861 words)*

Terence Blacker, The Independent, 10 September, 2004. © The Independent

l. 2 Margaret Thatcher: former UK Prime Minister known for her strict economic and social policies

ll. 9/10 John Prescott: UK Deputy Prime Minister and First Secretary of State

l. 44 Wifeswap: reality show where two families swap wives

Aufgabenstellung

1. Briefly explain why "classless Britain" is a myth.

2. Speculate about the author's intention by analysing form and stylistic devices in the article.

3. Write a fictitious dialogue between an "Upper" and a "Downer". Each of them tries to explain why his/her life is harder than the fate of the other one.

Lösungsvorschläge

1. *Grundkompetenzen: comprehension/orientation/context*
   Stellen Sie hier dar, wie der Autor Terence Blacker seine These begründet, Großbritannien sei nach wie vor und mehr denn je eine Klassengesellschaft.
   – the economic divide still exists
   – due to social division the gap is growing
   – the new aristocracy is based on fame and not on birth
   – Uppers and Downers only meet via mass media, which adds to the divide

   In the newspaper article "Uppers, Downers and the myth of classless Britain", Terence Blacker deals with social disparities in British society. Even though one might believe that Britain has become more egalitarian in past years, the author points out that not only has the economic gap between rich and poor widened, but a new social division has also come into being. Terence Blacker believes the distinction between those who are able to afford a high living standard, "Uppers", and those who are not, "Downers", to be furthered by the entertainment industry. The new type of aristocracy is no longer based on birth but on fame that is created by media. The high status of the "Uppers" is owing to urban life series like "Sex and the City", whereas low budget reality soaps like "Wifeswap" manifest the inferior position of the "Downers". The social gap gets wider and wider because both types of series heavily depend on using – and most likely: inventing – clichés and prejudices. *(170 words)*

2. *Grundkompetenz: analysis*
   Belegen Sie anhand des Textes, dass der Autor die Gesellschaft offensichtlich vor einem stetig steigenden Konfliktpotenzial zwischen Arm und Reich warnen will. Blacker kritisiert vehement diejenigen, die seines Erachtens für die Situation verantwortlich sind.
   – a warning is expressed in the subtitle and repeated in the concluding sentence
   – the use of evaluating adjectives stresses Blacker's personal opinion
   – he criticizes the government: promises of "social justice" have been broken
   – he criticizes mass media: they enlarge the gap between the classes
   Darüber hinaus wird deutlich, dass die Sympathien des Autors den sozial benachteiligten „Downers" gelten und dass er dies dem Leser auch vermitteln will.

– the use of personal pronouns ("they" versus "we") clarifies the journalist's position
– pity with "Downers" is raised by the description of hardship
– claims they cannot be blamed for their aggressive behaviour
Die „Uppers" werden hingegen mit abschätzigen Begriffen benannt und lächerlich gemacht, weil sie sich in ihrer eigenen Welt verschanzen.
– he labels "Uppers" with the term "toffs"

In his article, which was printed in "The Independent" on 10th September 2004, Terence Blacker warns the readers of an ever-growing social division and the consequent risks. He apparently blames British politicians and mass media for the situation. The existence of the dangerous divide in Britain's society is revealed by the heading and subheading as well as by the contrastive descriptions of the Uppers and the Downers. By the use of personal pronouns Blacker shows that the distance between the two groups affects himself and his readers.
The three terms "myth", "idea" and "illusion", which are used in the headlines, focus on the difference between seeming and being – right from the beginning Blacker makes it clear that "classless Britain" does not exist, though it is aimed at. The evaluating adjective "dangerous" and its comparative emphasise the severity of this problem.
The journalist begins his article by summarizing a book written by Ferdinand Mount, a Conservative politician. To Blacker it seems paradoxical that "a former Thatcherite" (l. 68) should take a political stance against social disparities (ll. 1/2, 50/51) and this impression is enhanced by his referring to himself as "upper class" (l. 4). Blacker uses Mount's political background to put emphasis on his criticism of the Labour government, and then he claims: "At a time of unprecedented prosperity and under a government elected on a platform of social justice, part of the British population is more excluded, alienated and generally without hope than ever before" (ll. 24–26). The enumerative description of the situation of the "Downers" in the last part of the sentence creates an image of hopelessness. Paradoxically, it is a hopelessness among those who had great expectations when they voted for a left-wing Prime Minister.
In view of such developments, the Home Office is said to hold a "fatalistic view" (l. 62), implying that they do not do enough to help those who are worse off but instead seek to establish "a regime of authority, of increasingly punitive anti-social behaviour orders" (l. 64). Alternative ideas are supposedly lightly brushed aside as "a fantasy enjoyed by "the liberati"" (l. 63) – the ironic tone showing that Blacker has little understanding for such an attitude.
Apart from the government, the media are also criticized. Being the only link between "those who can share the benefits of early 21st-century life and those who have simply been left behind" (ll. 34/35), they do nothing to bring the two groups together but "subtly add to" (l. 61) the growing division. On the one hand, they give birth to new upper class role models (ll. 29/30) and on the other hand, they convey and reinforce a bad impression of the lower classes. This leads Downers to indulge in their behaviour, "(realising) that this is the part they have

been allotted" (l. 50), whereas Uppers feel that people from the lower classes are "utterly beyond the pale of civilised society" (ll. 54/55).
In this part of the article, Blacker underlines the division by using different personal pronouns for both groups. When talking about the Downers, Terence Blacker employs the pronouns "these" and "they", whereas he uses "we", "our" and "us" when referring to the Uppers. Though the use of these pronouns seems to suggest that the author counts himself among the Uppers, he also calls them "toffs" (l. 31), expressing disapproval. Furthermore, he makes fun of this group by hinting at the fact that they are keen on staying in their own little world, which they are ready to protect, instead of improving the society they live in (ll. 55/56).
By contrast, he defends the lower classes, although he describes them as "foul-mouthed and leery [...], surly and tearful [...], raucous and randy" (ll. 43–45). From Blacker's perspective, they merely seem to be playing the part society has given them. Nobody can blame them for their behaviour (l. 38), as they are definitely in a disadvantageous position.
All in all, one can say that both Blacker's criticism and his warning are rather mild, as he does not openly attack those he feels are responsible for the situation nor does he say why the situation is dangerous. *(700 words)*

3. *Grundkompetenz: (re-)creation of text*
Beim Schreiben des Dialoges müssen Sie die vorgegebenen Inhalte und die Form beachten. Während des Gespräches sollen beide Personen versuchen, ihr Gegenüber von ihrem schweren Schicksal zu überzeugen. Seinem Stand entsprechend verwendet der „Upper" hierzu ein formales Englisch, der „Downer" hat einen eher informellen Sprachgebrauch. Achten Sie vor allem darauf, dass Sie durchgängig in den entsprechenden Sprachregistern bleiben. Fürchten Sie sich nicht vor grammatischen Verstößen in den Repliken des „Downers", aber seien Sie konsequent. Markieren Sie bei der Umgangssprache fehlende Buchstaben durch einen Apostroph (z. B. you're kiddin').
Die Namen der Figuren, ihr Geschlecht und den situativen Rahmen können Sie frei wählen. Allerdings sollte es sich um eine Situation handeln, in der es zumindest denkbar ist, dass diese ungleichen Personen aufeinander treffen und miteinander ins Gespräch kommen.

LADY BRIDGET: Martha, would you be so kind as to do what I requested immediately, please? I would not be amused if I had to check whether you had completed your tasks adequately. There is already enough to worry about – all day long.

MARTHA: Is there?

LADY BRIDGET: You are simply incapable of comprehending all the difficulties an aristocratic wife and mother has to face. It is undeniably a very demanding life.

MARTHA: I dinna mean to be rude, but I'm a mum of two kiddies meself an' I'ave to go to work, coz the brass don't last long. An' I know wha' I'm talkin' 'bout! Cleanin' your house an' then goin' home to tidy up our flat, cook dinner, do the washin', look after the kiddies ... The flippin' list is endless, yer know.

LADY BRIDGET: Of course I realize that. However, you have no need to concern yourself with the ordeal of arranging a dinner party, not to mention the soirées and balls. So much planning is required and I am glad that at least we have the privilege of being able to order at London's most exquisite catering service. Where would we be without Steeplebees? And the dress code: you are expected to wear a new gown to each dinner party, as everyone notices if you wear the same one twice. Imagine you have to buy all those dresses – it puts you under so much pressure. You have to consider all the designers and match the dress to the occasion in style and colour. I remember exactly what happened to Lady Ashendon, who wore a red robe to a dinner party one evening – absolutely shocking!! No taste at all, no one dared inviting her for several weeks.

MARTHA: Wha' you complainin' 'bout? Ye got brass – that's what counts. I think of me poor hubby, who works so hard all day! Factory work is really no fun. Dirty an' loud, ye wouldna' believe it. Big as a bull me hubby, but sleeps like a wee baby every night! On top of that: his health's bad.

LADY BRIDGET: Dirt is so intolerable. My dear, you should see Edward when he returns from supervising some of those uncivilised brutes down at the new factory. My poor darling smells so strongly of smoke and sweat that his suits have to be taken to the dry cleaner's as soon as he comes home.

MARTHA: Ma'am, you should smell me Bud. He reeks to high heaven, an' he don't complain! Ye know, we take a shower ev'ry night … Bud's a real blast if he take me ther'.

LADY BRIDGET: Martha!! My dear Edward … is so … terribly tired – he is so busy. The hunt at Lady Darrington's country estate was wonderful, absolutely splendid, to be quite honest. He looks so handsome in his riding gear, do you not think so, too?? And his skill with horses, you can simply tell who learned to ride at the age of four – and not to forget his talent for golf. Edward's handicap is remarkable.

MARTHA: Oh, wha' a bunch of nonsense. What's golf good for? That's not hard grind! 12 hours factory, I say. Your sonnyboy wouldna' last a single hour!

LADY BRIDGET: Certainly not! Edward does not have to occupy himself with physical labour. He is the one who does the thinking. Attending the House of Lords takes so much of his precious time. He has barely enough to meet up with other gentlemen at the club.

MARTHA: Wha' about wifeswop – do ye know that series?

LADY BRIDGET: Well. *(611 words)*

Abiturprüfung NRW – Englisch Leistungskurs: Aufgabe 2
British and American Traditions and visions

Aufgabentyp: *Literarischer Text, A 2 (analytisch-interpretierende Textaufgabe mit anwendungs-/produktionsorientierter Aufgabenstellung)*
Unterrichtsinhalte: *American traditions, American dreams and nightmares, moral issues; plays; informal letter*

Cat on a Hot Tin Roof by Tennessee Williams

BIG DADDY. It's hard to talk in this place …
BRICK. Son of a – !
BIG DADDY *(leaving a lot unspoken)*. – I seen all things and understood a lot of them, till 1910. Christ, the year that – I had worn my shoes through, hocked my – I hopped off a yellow dog freight car half a mile down the road, slept in a wagon of cotton outside the gin – Jack Straw an' Peter Ochello took me in. Hired me to manage this place which grew into this one. – When Jack Straw died – why, old Peter Ochello quit eatin' like a dog does when its master's dead, and died, too!
BRICK. Christ!
BIG DADDY. I'm just saying I understand such –
BRICK *(violently)*. Skipper is dead. I have not quit eating!
BIG DADDY. No, but you started drinking.
(Brick wheels on his crutch and hurls his glass across the room shouting.)
BRICK. YOU THINK SO, TOO?
BIG DADDY. Shhh!
(Footsteps run on the gallery. There are women's calls. Big Daddy goes toward the door.)
Go way! – Just broke a glass. … *(Brick is transformed, as if a quiet mountain blew suddenly up in volcanic flame.)*
BRICK. You think so, too? You think so, too? You think me an' Skipper did, did, did! – *sodomy!* – together.
BIG DADDY. Hold – !
BRICK. That what you –
BIG DADDY. – ON – a minute!
BRICK. You think we did dirty things between us, Skipper an' –
BIG DADDY. Why are you shouting like that? Why are you –
BRICK. – Me, is that what you think of Skipper, is that –
BIG DADDY. – so excited? I don't think nothing. I don't know nothing. I'm simply telling you what –
BRICK. You think that Skipper and me were a pair of dirty old men?
BIG DADDY. Now that's –
BRICK. Straw? Ochello? A couple of –

BIG DADDY. Now just –

BRICK. – ducking sissies? Queers? Is that what you –

BIG DADDY. Shhh.

BRICK. – think?

(He loses his balance and pitches to his knees without noticing the pain. He grabs the bed and drags himself up.)

BIG DADDY. Jesus! – Whew. … Grab my hand!

BRICK. Naw, I don't want your hand. …

BIG DADDY. Well, I want yours. Git up!

(He draws him up, keeps an arm about him with concern and affection.)

You broken out in a sweat! You're panting like you'd run a race with –

BRICK *(freeing himself from his father's hold)*. Big Daddy, you shock me, Big Daddy, you, you – *shock* me! Talkin' so –

(He turns away from his father.)

– casually! – about a – thing like that …

– Don't you know how people *feel* about things like that? How, how *disgusted* they are by things like that? Why, at Ole Miss when it was discovered a pledge to our fraternity, Skipper's and mine, did a, *attempted* to do a, unnatural thing with –

We not only dropped him like a hot rock! – We told him to git off the campus, and he did, he got! – All the way to –

(He halts, breathless.)

BIG DADDY. – Where?

BRICK. – North Africa, last I heard!

BIG DADDY. Well, I have come back from further away than that, I have just now returned from the other side of the moon, death's country, son, and I'm not easy to shock by anything here.

(He comes downstage and faces out.)

Always, anyhow, lived with too much space around me to be infected by ideas of other people. One thing you can grow on a big place more important than cotton! – *is tolerance!* – I grown it.

(He returns toward Brick.)

BRICK. Why can't exceptional friendship, *real, real, deep, deep friendship!* between two men be respected as something clean and decent without being thought of as –

BIG DADDY. It can, it is, for God's sake.

BRICK. – Fairies. …

(In his utterance of this word, we gauge the wide and profound reach of the conventional mores he got from the world that crowned him with early laurel.)

(648 words)

l. 5 yellow dog: primitive
l. 6 gin: cotton gin, i.e. a building in which cotton is processed
l. 49 Ole Miss: University of Mississippi
l. 49 pledge: a student who is not yet a full member of a fraternity

Aufgabenstellung

1. Briefly explain the underlying moral conflict.
2. How does Williams use stylistic devices and dramatic means in order to show the characters' personal (American) dreams and nightmares?
3. Before committing suicide, Skipper writes a letter to Brick. Write the letter.

Lösungsvorschläge

1. *Grundkompetenzen: comprehension/orientation/context*
In dem Streit zwischen Vater und Sohn geht es um unterschiedliche Wertevorstellungen, die zum einen die Arbeitsmoral und zum anderen die Sexualität des Sohnes betreffen. Der Streit bricht aus, als Big Daddy von seiner Zeit auf der Baumwollplantage erzählt.
– Big Daddy is a successful planter whereas his son is an alcoholic
Während dieser Konflikt nur zwischen den Zeilen zu erkennen ist, wird der Streit um Bricks Sexualleben sehr viel deutlicher.
– Brick feels accused of being homosexual
– he flies into a fury and denies it
– Big Daddy remains calm and affectionate
– he claims to be tolerant and independent of the "ideas of other people" (ll. 60/61)
Die unterschiedlichen Reaktionen zeigen, dass der Sohn die konservativen Moralvorstellungen der Zeit teilt, während der Vater trotz seines höheren Alters progressiver eingestellt ist.

In the excerpt from Tennessee Williams' drama *Cat on a Hot Tin Roof* an argument between Brick and his father Big Daddy is triggered off when the latter recalls his early career on the plantation. The argument reveals a moral conflict between the two characters which is focused on work ethic and sexuality.
First, Big Daddy tells his son how he started from scratch and became a rich planter. In the following, Big Daddy implicitly accuses Brick of laziness by stating that he "started drinking" (l. 12) instead of being successful.
Later, Brick gets the impression that his father means to tell him that he is homosexual, just like the two men who owned the plantation. The son denies this accusation vehemently because he believes a homosexual relationship to be "dirty" (l. 30). It is striking that Brick gets mad with anger and uses a whole range of swearwords like "ducking sissies" l. 34) to refer to homosexuals, whereas Big Daddy remains calm and affectionate and expresses his tolerance. This proves that Brick is influenced by "the conventional mores he got from the world" (ll. 68/69) while his father is not "infected by ideas of other people" (ll. 60/61). *(208 words)*

2. *Grundkompetenz: analysis*
Hier sollten Sie zunächst aufzeigen, inwiefern die beiden Charaktere den amerikanischen Traum bzw. Albtraum verkörpern.
– Brick is a broken character and an alcoholic
– his alleged homosexuality makes him an outcast of society
– by contrast, Big Daddy is a successful planter and powerful father of a family
– his status is signalled by his name
Der grundlegende Unterschied wird vor allem in den Regieanweisungen deutlich: Der Sohn geht an Krücken, und als er fällt, hilft der erfolgreiche Vater ihm fürsorglich wieder auf die Beine. Auch in ihrem Sprachgebrauch unterscheiden sich die beiden.
– rise and fall are symbolized by stage actions
– Brick struggles for words, which indicates his insecurity
– Big Daddy employs imperatives to underline his power and authority
– imagery marks his tolerance
Insgesamt sollten Sie herausarbeiten, dass Brick und Big Daddy krasse Gegensätze darstellen. Der Sohn widerspricht dem amerikanischen Traum in allen Facetten – sei es im Hinblick auf seinen Lebenswillen, seine Selbstständigkeit, sein Selbstvertrauen oder seinen Familiengeist – während der Vater als Selfmademan den American Dream geradezu personifiziert.

In the text, two very different pictures of the American Dream are drawn. First there is Brick, who is apparently far from being a self-made man. And second there is Big Daddy, who seems to be the personification of the national myth. Tennessee Williams employs symbolic stage actions, exclamations, rhetorical questions, imagery and euphemisms to convey this contrast – on the one hand he shows Brick's weaknesses and struggles and on the other hand he expresses Big Daddy's success, power, authority and materialism. Brick seems to be a broken character who refuses to take action against his failure. During the scene, however, he is forced by Big Daddy to evaluate his reasons for drinking and to talk about his former relationship to his dead friend Skipper. Brick is cornered and he has to answer implicit questions he would rather not even listen to. Big Daddy compares Brick's sad fate after Skipper's death to the tragedy of the two former plantation owners Jack Straw and Peter Ochello. He states that "when Jack Straw died – […], old Peter Ochello quit eatin' like a dog does when its master' dead, and died, too" (ll. 7/8). This comparison reveals one of Brick's nightmares: even though he did not die along with Skipper, he has turned his back on life.
The grave impact of the loss is symbolized by means of symbolic stage action. Brick needs crutches to walk and one time "(h)e loses his balance and pitches to his knees" (l. 37). His bad physical condition reflects his uncomfortable mental condition: he is not able to cope with his hardship, and falls apart. It is striking that the only two things Brick seems determined to keep up are his denial of being homosexual and his liquor supply.
The stage directions insinuate that Big Daddy is willing to help his son. He "draws him up, keeps an arm about him with concern and affection" (l. 42). This action

matches the ideal of an American family that sticks together and solves the problems society inflicts on its members. Unfortunately, Brick does not want to accept any help and frees "himself from his father's hold" (l. 44).
Exclamations and incomplete sentences show that Brick is too shaken to express his thoughts in a sophisticated way. He is puzzled and shattered by his father's suspicion that he had a homosexual relationship with his friend Skipper and starts stuttering: "(y)ou think me an' Skipper did, did, did! – sodomy! – together" (ll. 20 /21). The desperation of the reproach is underlined by the wrong use of the word "sodomy" and by the exclamation marks. Brick uses many derogatory terms such as "ducking sissies" (l. 34) and "queers" (l. 34) to reflect the contempt homosexuals are held in. They were entirely excluded from the American Dream and denied equal rights for a long time. By contrast, Brick's claim that he and Skipper had "real, real, deep, deep friendship" (l. 64) fits the image of a typical male relationship which is deeply rooted in the cowboy myth.
Big Daddy is the glaring opposite, embodying the dream perfectly. In contrast to his son, he is determined to live on, to survive – he has "returned from the other side of the moon" and was successful ever after (l. 56). The metaphorical exaggeration stands for the toils and travails he had to go through in order to make his dream come true. Big Daddy first "slept in a wagon of cotton outside the gin" (ll. 5/6) and was then "hired to manage (the plantation)" (ll. 6/7). And he obtained the ownership by following his own destiny. He was his own creator and became very successful.
His name characterizes Big Daddy as a powerful pater familiae. His authority is stressed by his frequent use of imperatives. When he orders Brick to "(g)rab (his) hand" (l. 30) and to "(g)it up" (l. 41), he expects his son to be obedient.
Unlike the other characters, Big Daddy's freedom has not been curbed by society's mores. He explains that he is an individual who has "too much space around (him) to be infected by ideas of other people" (ll. 60/61). Consequently he claims that "you can grow (tolerance) on a big place" (l. 61) – a tolerance that the American Dream does not offer.

3. *Grundkompetenz: (re-)creation of text*
Hierbei handelt es sich um eine kreative Aufgabe. Auf der Grundlage dessen, was Sie in dem vorgelegten Textauszug über Bricks Freund Skipper erfahren haben, sollen Sie dessen Abschiedsbrief an Brick schreiben.
Die Frage nach der Homosexualität der beiden Männer lässt sich anhand der Textgrundlage nicht eindeutig beantworten, sodass Sie volle Entscheidungsfreiheit haben. In jedem Fall sollten Sie aber auf den Sittenkodex eingehen, der in der letzten Regieanweisung explizit formuliert wird. Hieraus können Sie mögliche Gründe für Skippers Freitod entwickeln.
Halten Sie die üblichen Formalien eines Briefes ein, d. h. verwenden Sie Einleitungs- und Schlussfloskeln. Sprachlich darf der Stil durchaus informell sein und Kurzformen sowie umgangssprachliche Ausdrücke enthalten. Der Ton sollte der Situation entsprechend emotional und gleichzeitig getragen sein.

Dear Brick!
Now the time has come and I don't know how to tell you what I intend to do. But maybe I should start at the beginning, which is just as good as anywhere else. We always were a great team, you and I. Football was one part of my life and the other half was you. Some of my fondest memories are the ones of us touring the country in pro-football. The fun we had together, the

F R I E N D S H I P.

I'm not sure if you feel the same, but before I die, I need to tell you the truth. A truth you never wanted to see or – let alone – face up to. At some point in one's life one has to be utterly sincere without regard for the consequences. And to be honest, I'm past caring what other people think. That was always your greatest problem, Brick. You were so dependent on what other people thought about you – caught in your image of being morally good and totally successful, you were afraid of not being perfect. On every occasion you tried to make people think the best of you. But tragically you couldn't live up to your own high standards. You wanted to be someone you weren't. And that was my fault. It was my love that ruined you. You always talked of a rare and clean friendship, but in your heart of hearts you know that it was more than that. What we had was not only friendship, and you should finally face that. Love between people of the same sex,

H O M O S E X U A L I T Y,

collides with your conventional patterns of morality, your beliefs and what you dream to be. But you can't change what you are. Denying love does not make life better and what is so wrong about our feelings for one another anyway? Just because society frowns, does that make it wrong? But that discussion is beside the point right now. You have made your decision, my friend, and now you and I have to live with that. Except that I cannot live with it. Knowing that you will never allow yourself to reciprocate my feelings leaves me hopeless and desperate.
I know you well, you will try to forget me and perhaps you will succeed. Who knows? I will not embarrass you any further. You can stop worrying about me and keep denying the truth. However, believe me, some day you will have to face up to yourself and admit the true nature of your feelings, too.

Farewell my friend.

L O V E

Skipper *(446 words)*

Abiturprüfung NRW – Englisch Leistungskurs: Aufgabe 3
Globalisation – global challenges

Aufgabentyp: *Literarischer Text, A 1 (Textaufgabe mit analytisch-interpretierendem Schwerpunkt)*
Unterrichtsinhalte: *post-colonialism and migration, global challenges, cultural diversity, dystopia, ethics; narrative texts; comment*

The Refugee **by Pearl S. Buck (first part)**

They walked through the new capital, alien and from a far country, yes, although their own lands were only a few hundred miles perhaps from this very street upon which they now walked. But to them it was very far. Their eyes were the eyes of those who have been taken suddenly and by some unaccountable force from the world they have always known and always thought safe until this time. They who had been accustomed only to country roads and fields, walked now along the proud street of the new capital, their feet treading upon the new concrete side-walk, and although the street was full of things they had never seen before, so that there were even automobiles and such things of which they had never even heard, still they looked at nothing, but passed as in a dream, seeing nothing.

There were several hundred of them passing at this moment. If they did not look at anything nor at anyone, neither did any look at them. The city was full of refugees, many thousands of them, fed after a fashion, clothed somehow, sheltered in mats in great camps outside the city wall. At any hour of the day lines of ragged men and women and a few children could be seen making their way towards the camps, and if any city dweller noticed them it was to think with increased bitterness:

"More refugees – will there never be an end to them? We will all starve trying to feed them even a little!"

This bitterness, which is the bitterness of fear, made small shopkeepers bawl out rudely to the many beggars who came hourly to beg at the doors, and it made men ruthless in paying small fares to the rickshaw pullers, of which there were ten times as many as could be used, because the refugees were trying to earn something thus. Even the usual pullers of rickshaws who followed this as their profession cursed the refugees because, being starving, they would pull for anything given them, and so fares were low for all, and all suffered. With the city full of refugees, then, begging at every door, swarming into every unskilled trade and service, lying dead on the streets at every frozen dawn, why should one look at this fresh horde coming in now at twilight of a winter's day?

But these were no common men and women, no riff-raff from some community always poor and easily starving in a flood time. No, these were men and women of which any nation might have been proud. It could be seen they were all from one region, for they wore garments woven out of the same dark blue cotton stuff, plain and cut in an old-fashioned way, the sleeves long and the coats long and full. The men wore smocked aprons, the smocking done in curious, intricate, beautiful designs. The women had bands of the same plain blue stuff wrapped like kerchiefs about their heads. Both men and women were tall and strong in frame, although the women's feet were bound. There were a few lads in the throng, a few children sitting in baskets slung upon a pole across the shoulders of their fathers, but there were no young girls, no young infants. Every man and every lad bore a burden on his shoulder. This burden was always bedding, quilts made of the blue cotton stuff and padded. Clothing and bedding were clean and strongly made. On top of every folded quilt, with a bit of mat between, was an iron cauldron. These cauldrons had doubtless been taken from the earthen ovens of the village when the people saw the time had come when they must move. But in no basket was there a vestige of food, nor was there a trace of food having been cooked in them recently.

This lack of food was confirmed when one looked closely into the faces of the people. In the first glance in the twilight they seemed well enough, but when one looked more closely one saw they were the faces of people starving and moving now in despair to a last hope. They saw nothing of the strange sights of a new city because they were too near death to see anything. No new sight could move their curiosity. They were men and women […] *(729 words)*

From: Pearl S. Buck, The Refugee (first part)

Aufgabenstellung

1. Briefly explain the different types of "bitterness" presented in the story.
2. How does Buck employ character descriptions and narrative technique in order to build up a discriminative tension between foreigners and natives?
3. "Understanding and friendship between people is frequently a victim of group pressure". Comment by referring to the story and to your background knowledge about American culture.

Lösungsvorschläge

1. *Grundkompetenzen: comprehension/orientation/context*
   Sie müssen in wenigen (!) Sätzen die Verbitterung der Flüchtlinge der Verbitterung der Stadtbewohner gegenüberstellen.
   – the bitterness of loss and the bitterness of fear lead to a lack of communication

   In the short story called *The Refugee*, the author describes two different types of bitterness occurring at the same place but among different peoples. The first example of bitterness presented is that of the refugees, who come to a new town because they had to flee from their home country. They have lost "the world they have always known and thought safe" (ll. 4/5), which creates a feeling of being unsure and stranded in a completely different world. They are very poor, simply "clothed somehow" (l. 13), and do not have anything to eat. The second type of bitterness is that of the inhabitants, which the narrator calls "the bitterness of fear" (l. 19). The town people are afraid of losing their own existence, because cheap refugee workers dump their prices (l. 25). In the following, they totally ignore the immigrants and there is a complete lack of communication, which aggravates the bitterness on both sides. *(164 words)*

2. *Grundkompetenz: analysis*
Sie sollten in Ihrer Antwort darstellen, dass die Spannungen zwischen den Völkern aus der Unterschiedlichkeit der beiden Gruppen resultieren. Reichtum und Armut stehen sich genauso gegenüber wie Fremdenhass und Abhängigkeit.
- *egotism, stereotyping, and xenophobia arise from the fear of the natives*
- *owing to the loss of their home and their possessions, the refugees depend on mercy*
- *people are not treated humanely and the tension increases*

Der Erzähler wertet die Angst und das Verhalten der Stadtbewohner und er zeigt Mitgefühl für die Flüchtlinge. Der Konflikt zwischen den Gruppen erscheint ebenso unvermeidbar wie unmenschlich.
- *the narrator sympathizes with the refugees and creates empathy in the reader*

The different characteristics of the peoples involved form the basis for the discriminative tension in the story. The natives, the people living in the city, are depicted as hostile, egotistic and xenophobic, whereas the foreigners seem to be mysterious but able people, who have simply been forced into a new environment. The narrative technique is marked by a third-person narrator who formally lacks introspection, but draws his own conclusions and reveals his personal impressions. He evaluates what he describes and that strongly influences the reader.
The depiction of the town people consists of analytical and reporting elements. In the analytical parts, the reader is given the reasons for the hostile behaviour of this group. Obviously, the people living in the city have come to detest the refugees because the refugees seem to pose a threat to them. The narrator explicitly explains that the town people are afraid that everybody will "starve trying to feed (the refugees) even a little" (ll. 17/18). In addition, Buck explains how generalization leads to xenophobia: the city dwellers no longer look at the individual refugees, but see them as a homogeneous group, about which they have already made up their minds. The latest refugees look like all the ones before, and this leads to the question "why (the city dwellers should) look at this fresh horde coming in […]" (l. 27). The rhetorical question creates a basic understanding of the situation of the natives, but it also shows that their attitude is extremely inhumane. They treat the newcomers as if they were uncivilized – they consider them a "horde" rather than a group of equal human beings. The influx of people leads to unpleasant encounters which are explained in the reporting parts of the text. Out of their anxiety and prejudice, the city people threaten the refugees. "Shopkeepers

bawl out rudely to the many beggars" (ll. 19/20), for example. This action indirectly characterizes the natives as aggressive.
In contrast to the first group, the refugees appear to be alone and abandoned in a world in which they do not belong. Their true character traits seem to be lost because of the necessities of their flight. Helplessly, they face a situation they were not prepared for – they can only survive if they beg for food and they depend on the mercy of others. Buck contrasts this situation with the refugee's appearance. They have neatly and artfully manufactured clothes which symbolize their former affluence and craftsmanship: "The men wore smock aprons, the smocking done in curious, intricate, beautiful designs" (ll. 33/34). In the setting of the story, however, neither the bedecked aprons nor any of their talents help them to earn money.
The third-person narrator is not involved in the story's plot. He appears to be an outsider, who not only describes what he sees in the city, but also partly evaluates the conflict between the different ethnic groups. Even though the narrator's words are based on general observations, he frequently appears to be omniscient. His perception comes close to introspection, especially when he examines the refugees: "When one looked more closely one saw (they had) the faces of people starving" (ll. 46/47). The fact that the whole process of starvation is mirrored in one look by the narrator shows how important his evaluation is for the basic understanding of the story's conflict. Above all, the narrator helps to build up the discriminative tension due to the empathy he feels with the foreigners. He sympathises with the people who have lost their homes. This can be seen in the way he illustrates their encounter with the town people. The beggars on the streets are treated "rudely" even though the narrator's words insinuate that the refugees are modest and just "a little" would be enough to feed them.
The explanations and evaluations in the text show that the tension between the two groups is seemingly inevitable. The aggressiveness of the town people is both understandable and unfair, which adds a tragic touch to the rising conflict.

(502 words)

3. *Grundkompetenz: evaluation*
Sie können der vorgegebenen These zustimmen oder sie ablehnen. Unabhängig davon, welche Meinung Sie vertreten, müssen Sie Ihre Auffassung mit Beispielen aus der amerikanischen Landeskunde oder Literatur begründen. So könnten Sie zum Beispiel darstellen, in welchen Fällen eine Entfremdung zwischen ethnisch, religiös oder wirtschaftlich definierten Klassen auf Gruppenzwänge zurückzuführen ist.

In my opinion, stereotypes and prejudices that arise from group pressure often lead to severe misunderstanding and hostility. In Western societies such as the USA, many social constraints arise from group formation – especially from the individual feeling of belonging to a group of people that possesses a specific status or from the attempt to reach such a status and to become a member of a specific group.

Groups are usually defined by characteristics that separate group members from other people. In Pearl S. Buck's *The Refugee*, the groups can be identified by both their outward appearance and their living conditions. The clash seems inevitable because it is rooted in a vicious circle that can be found in reality, too. People are confronted with somebody that does not fit the familiar group pattern. The deviation seems to endanger the existence of the group and the members of the group are bound together more closely in order to defend the group's existence. Thus, the group pattern is strengthened and the contrast to other groups increases further. This obviously leads to the fact that more and more people fail to come close enough to the core of the group's identity. Consequently, fewer and fewer people get accepted by the group members, which again strengthens the group's unity and the contrast to others. Unfortunately, those who are involved in such a process are vulnerable for racist attitudes, economic or political dogma, and religious fundamentalism.

Once the gap between different groups has come into existence, it is difficult to close it again. In an American context, for example, the many fruitless attempts to overcome slavery have shown that the way (back) to understanding each other is long and troublesome. First attempts to stop the importing of slaves failed because of the group pressure among Southern planters who wanted to maintain their social status. On a political level, that finally led to the formation of the Northern and the Southern unions. Later, discrimination between groups became subtler but the distance between the different groups is still tangible after so many years – "the sons of the former slaves and the sons of the former slave owners" are still not able to sit "at the table of brotherhood" together, as Martin L. King put it. Whereas the ethnic and economic gap between black and white has at least become smaller, the gap between American and Arabic culture is ever growing. Since 9/11, religion and politics have been used to separate different groups and keep them from understanding each other.

If people attempt to become a member of a special group, they are liable to lose their former friends. People change because their aspirations force them to adopt thought patterns that promise success. If somebody fails to enter a higher social class, he gets stranded – just like Willy Loman in Arthur Miller's play *Death of a Salesman*. He follows the all-American belief in the myth of the self-made man, he gives up a happy life for the pursuit of an even happier one. He is confronted with a loss of friendship and understanding but he cannot overcome the group pressure of the capitalist society that surrounds him until he dies. *(537 words)*

Abiturprüfung NRW – Englisch Leistungskurs: Aufgabe 4
Globalisation – global challenges

Aufgabentyp: *Sach- und Gebrauchstext, B1 (Textaufgabe in Kombination mit weiteren Medien, Kartoon)*
Unterrichtsinhalte: *global challenges, international peace-keeping, the role of Britain and the USA, the media; cartoon; evaluation*

The war was illegal

The declaration of the United Nations secretary-general, Kofi Annan, on the Iraq war was shocking in its simplicity. He described it for the first time as "illegal". No caveats. No equivocation. None of the ambiguity loved by diplomats, especially at UN headquarters. The shock is in part because Annan is an inherently cautious individual. He has long professed that his role is basically that of a civil servant carrying out the decisions of the UN security council. But he has finally made his stand, angered by the damage the war has done to Iraq, to the international community and to the UN. He has been building up to these outspoken comments. Only days before the invasion of Iraq in March last year, he hinted at his opposition but without going so far as to declare it illegal, only saying that without a second UN resolution the "war's legitimacy will be questioned and the support for it will be diminished". In September, he returned to this theme, saying pre-emptive strikes "could set precedents for the proliferation of the unilateral and lawless use of force". He finally left all restraint behind in an interview broadcast by the BBC on Wednesday night in which he concluded: "From our point of view and from the charter point of view, it was illegal."

His verdict undercuts the argument pursued relentlessly by George Bush and Tony Blair that the war had UN approval. Blair cites as justification two security council resolutions from the aftermath of the 1991 Gulf war and the one agreed after much tortuous negotiation in 2002, even though it did not warn explicitly of war if Iraq failed to disarm, only of "serious consequences". Annan said on Wednesday this was not enough: a second resolution explicitly authorising war was needed. Both the US and British governments have a tendency to treat the run-up to the war as history. This is especially so in Britain where the government argues that the issues have been gone over exhaustively in the Hutton and Butler inquiries. Weary ministers say that whatever the rights and wrongs of going to war, it is time to address the problems facing Iraq now. But the reasons for going to war still matter because the UN matters, and the credibility of the government matters. The Labour party has a long history of passionate support for the ideals of the UN and international law. And the UN charter is perfectly clear in permitting force in only two circumstances: the first in self-defence and the second when the security council authorises action to counter a threat, usually one regarded as imminent. Neither was the case in Iraq.

Bush personally and Blair through his Downing Street press officer yesterday continued to insist that the case for war was legal. If Blair is so sure of this, it is time for him to publish the legal advice he received at the time from the attorney general in its entirety so that people can judge for themselves.

Blair would like to see the UN take on a bigger role in Iraq but Annan is resistant, partly because of the bombing of the UN headquarters last year and partly, according to one of his advisers, because he does not feel an obligation to sort a mess of someone else's making. The carnage on Iraq's streets shows no sign of lessening, and if the security situation does not improve, there is doubt, as Annan hinted, over the feasibility of holding the country's first democratic election in January as planned. There was a brief hope when the US handed over to the interim Iraq government in June that the worst might be over, but since then there has been the siege of Najaf and this week, which has proved to be one of the bloodiest yet. Civil war and fragmentation of the country remain possible. While Annan's verdict on the war is welcome, the pity is that he did not have the courage to make it last year, before the US and Britain embarked on war. *(676 words)*

The Guardian, Friday September 17, 2004.

l. 25 Hutton and Butler: The so-called "Hutton inquiry" was chaired by Lord Butler. Its aim was to find out the background to the death of a government weapons expert, Dr. David Kelly, in the early phase of the Iraq war.

Aufgabenstellung

1. Sum up what arguments Kofi Annan and Toni Blair bring forth to support their view of the war's legality.
2. Analyse how the cartoon makes a mockery of Tony Blair.
3. Evaluate to what extent the cartoon is suitable to illustrate the article's contents.

Lösungsvorschläge

1. *Grundkompetenzen: comprehension/orientation/context*
   Zeigen Sie die gegensätzlichen Positionen Kofi Annans und Tony Blairs auf. Im Kern geht es um die Auslegung der UN-Resolution von 2002, in der dem Irak ernste Konsequenzen angedroht werden.
   – *Tony Blair believes this resolution (ll. 20/21) to justify the second war on Iraq.*
   – *Kofi Annan declares the war to be a pre-emptive strike and a lawless use of force (ll. 12/13).*

   The article "The War Was Illegal", published on 17th September 2004 in "The Guardian", presents two contrasting opinions about the justifiability of the second war on Iraq. On the one hand, there is Kofi Annan, the United Nation's secretary-general, who "described (the war) as illegal" (l. 2). On the other hand, there is Tony Blair, Britain's Prime Minister, who believes that the war was started in accordance with the laws of the international community.
   Kofi Annan argues that another UN resolution would have been necessary to create a legal basis for the attack. This resolution of the security council should have explicitly authorised the Iraq war as a countermeasure against an imminent threat – according to the UN charter this is the only justification of war unless a country has been attacked and defends itself on its own territory. Kofi Annan fears that other countries could follow the example of the United States and Great Britain and take military action without UN resolutions, and thus "(proliferate) the unilateral and lawless use of force" (l. 13).
   In contrast, Tony Blair and the American President George W. Bush believe that the Iraq war had UN approval. They base their argumentation on two security council resolutions that date back to the Gulf war in 1991 and to the year 2002. Indeed, the latter resolution threatens Iraq with "serious consequences" (l. 21) but the danger of "war" was not explicitly mentioned. *(235 words)*

2. *Grundkompetenz: analysis*
   Der Karikaturist verwendet verschiedene Bild- und Textelemente, um Tony Blair zu verspotten. Das im Cartoon dargestellte körperliche Erscheinungsbild des Premierministers legt nahe, dass sich seine Bereitschaft zur militärischen Gewalt zum Wahn gesteigert hat und dass er durch eine illegale Handlung Schuld auf sich geladen hat.

– the outward appearance of the Prime Minister suggests that he has gone mad
– the huge eyes underline his alertness and his bloody hands symbolize his guilt

Der Eindruck des zunehmenden Irrsinns wird durch Kleidung und Requisiten gezielt verstärkt. Die grafische Ausgestaltung des Handlungsortes zeigt zudem auf humoristische Weise, wie weit sich Blair in seiner Funktion als Vertreter seines Landes von grundlegenden moralischen Werten der Zivilisation entfernt hat:

– props and clothing make Tony Blair a stereotypical Englishman
– the rifle aludes to illegal fox hunting, which insinuates that the war in Iraq was illegal, too
– Saddam Hussein's head hung up as a trophy shows the inhumanity of the man-hunt
– the empty wooden panels show that Blair and Bush failed
– sandbags and barbed wire insinuate Blair's isolation within the UK, the EU and the UN

Der Text bezieht sich auf den Konflikt mit Kofi Annan und deutet an, dass die Gewaltbereitschaft des Premiers u. U. auch den zukünftigen Umgang mit den UN bestimmen könnte.

– the speech bubbles insinuate that the conflict with Kofi Annan could become bloody, too

The cartoon uses Tony Blair's physical appearance, clothes, props, and the setting to make a mockery of the Prime Minister and his political decisions concerning the Iraq war. The most significant graphical items are facial expressions and gestures; the gun in Tony Blair's hands, Saddam Hussein's head and empty wooden panels on the wall; and finally the barbed wire and the sandbags, which are piled up in front of the window. The text in the speech bubble contributes to the impression that the Prime Minister has lost his ability to govern – Tony Blair has turned into a stubborn and ridiculous person.

The face of the politician is the first thing that catches the viewer's attention because it is completely distorted. The "head" of state is depicted with big eyes, clenched teeth and enormous ears. The pupils of his eyes are widened – which can be seen as a sign of madness – and the deep rings under his eyes suggest that he cannot find any sleep. Supposedly, his deeds give him a bad conscience that causes insomnia. Tony Blair's mouth shows that he has gone wild. As animals bare their teeth, he is showing his jaws in order to demonstrate his will to protect himself and to hunt for his prey. The ears can also be seen as a sign of alertness – they indicate that he is listening carefully to locate his next victim. The fact that Tony Blair is following a morally and legally wrong path, is illustrated by his blood-stained hands, which are proof of the murders he has committed.

The Prime Minister is dressed in clothes that are typical of English landlords, especially the tweed hat and jumper. With the rifle in his hands, Tony Blair seems to match the cliché of the traditional Englishman who enjoys going hunting at the weekends. Indeed, in the UK rifles were frequently used for fox hunting until it was considered an "illegal bloodsport" – a term that can be found in the caption.

The combination of picture and text insinuates that Tony Blair is doing something illegal, just as Kofi Annan stressed shortly before the cartoon was published.
The setting supports the impression that the British Prime Minister disrespects basic laws of morality: just as animals are preserved and kept as trophies, Saddam Hussein's head has been hung up on the wall. The prize mirrors Tony Blair's success in arresting the dictator but it also stresses the inhumanity of this manhunt. By the numerous empty wooden panels with the inscription "the one that got away", the cartoonist suggests that many other culprits, such as the most wanted Osama bin Laden, have not been arrested yet.
The barbed wire and the sandbags piled up in front of the window illustrate an exaggerated reaction of fear. Tony Blair shields himself completely from the rest of the world, ready to fight for what he believes is a just cause. The undue protective measures show the Prime Minister's political isolation – indeed, most European countries and the UN were and still are opponents of the Iraq war, and are suspicious of the motives and intentions behind it. The only person that supports a sandbag-policy is George W. Bush. Even in Britain Tony Blair is now disputed, as was shown by the Hutton and Butler inquiries.
The disagreement with the UN secretary-general is depicted in the speech bubble. Blair's exclamation that "Kofi Annan hasn't heard the last of this" shows that the two have contrasting opinions about the war's legality and that the dispute has not reached its end yet. Instead, the words imply that Tony Blair wants to take (bloody) revenge on Kofi Annan. The punctuation marks in the speech bubble reveal anger, frustration and emotion.
The textual and pictorial elements of the cartoon mock Tony Blair's madness, failure and isolation. All these characteristics suggest that he is no longer a competent and responsible Prime Minister. *(658 words)*

3. *Grundkompetenzen: comment/evaluation*
Wenn Sie das inhaltliche Zusammenspiel der beiden Materialien beurteilen, müssen Sie jeweils deutlich machen, ob Sie sich gerade auf den Text oder auf den Cartoon beziehen.
Prinzipiell ist festzuhalten, dass die Karikatur die zentrale Aussage des Zeitungsartikels widerspiegelt: Der Irakkrieg war illegal. In beiden Materialien werden zudem die Meinungsverschiedenheiten zwischen Blair und Annan sowie die Sturheit des britischen Premierministers thematisiert.
– *the headline of the article and the caption of the cartoon show illegality*
– *both text structure and visual elements stress Tony Blair's guilt*
– *the leader uses quotes and the cartoon uses fictitious exclamations to underline stubbornness*
Obwohl die Karikatur die zentralen Aussagen des Zeitungsberichts unterstützt, konzentriert sie sich (ihrer Funktion entsprechend) stark auf die humoristische Kritik an Tony Blair. Der Artikel ist insbesondere im Hinblick auf die Rolle der Labour-Partei, die Situation im Irak und mögliche Versäumnisse Kofi Annans deutlich differenzierter:
– *the article takes into account that the Labour Party traditionally supports the*

UN (l. 29)

– journalist argues that because of his late stand, Annan must take some of the blame

Though it is not clear whether the cartoon is actually meant to illustrate the leader "The War Was Illegal", it supports its general message very well – both express that the war was illegal. Yet the cartoon focuses much more on Tony Blair himself, while the article takes into account the position of the Labour Party, the situation in Iraq and the role of Kofi Annan.

The reference to "illegal blood sports" in the caption of the cartoon perfectly matches the article's headline. The outward appearance of Tony Blair, and especially his bloody hands, further underline the guilt he has loaded upon himself by following the US into a war which was not authorised by the UN. The speech bubble of the cartoon reveals Blair's dispute with Annan. The fact that he declares that the judgement of the UN general secretary is "an attack on (his) personal conscience" stresses his stubbornness. Likewise, the article explains that Tony Blair does not agree with Kofi Annan and continues "to insist that the case for war was legal" (l. 34). "(The) credibility of the government" (l. 28) is called into question in the article – in the cartoon, Tony Blair's obvious madness shows that he is no longer reliable and trustworthy enough to be the head of the British government.

Whereas the article gives rather detailed background information, the cartoon concentrates on holding up the current political situation to ridicule. In the second paragraph of the leader, for example, the journalist explains that the "Labour Party has a long history of passionate support for the ideals of the UN and international law" (ll. 28/29). Against this background, the personal – and possibly national – isolation which is shown in the cartoon seems to be even more exaggerated. In the end, the journalist even puts some of the blame on the UN secretary-general Kofi Annan by criticizing him for not having taken a firm stand before the war – by contrast the cartoon fixes all the blame on Tony Blair. *(335 words)*

Abiturprüfung NRW – Englisch Leistungskurs: Aufgabe 5
Post-colonialism and migration

Aufgabentyp: *Sach- und Gebrauchstext, A1 (Textaufgabe mit analytisch-interpretierendem Schwerpunkt)*
Unterrichtsinhalte: *post-colonialism, South Africa; speech; comment*

Nelson Mandela: Inauguration Address
STATEMENT OF THE PRESIDENT OF THE AFRICAN NATIONAL CONGRESS NELSON ROLIHLAHLA MANDELA AT HIS INAUGURATION AS PRESIDENT OF THE DEMOCRATIC REPUBLIC OF SOUTH AFRICA, UNION BUILDINGS

Pretoria, 10 May 1994

Your Majesties,
Your Highnesses,
Distinguished Guests,
Comrades and Friends.

Today, all of us do, by our presence here, and by our celebrations in other parts of our country and the world, confer glory and hope to newborn liberty.
Out of the experience of an extraordinary human disaster that lasted too long, must be born a society of which all humanity will be proud.
Our daily deeds as ordinary South Africans must produce an actual South African reality that will reinforce humanity's belief in justice, strengthen its confidence in the nobility of the human soul and sustain all our hopes for a glorious life for all.
All this we owe both to ourselves and to the peoples of the world who are so well represented here today.
To my compatriots, I have no hesitation in saying that each one of us is as intimately attached to the soil of this beautiful country as are the famous jacaranda trees of Pretoria and the mimosa trees of the bushveld.
Each time one of us touches the soil of this land, we feel a sense of personal renewal.
The national mood changes as the seasons change.
We are moved by a sense of joy and exhilaration when the grass turns green and the flowers bloom.
That spiritual and physical oneness we all share with this common homeland explains the depth of the pain we all carried in our hearts as we saw our country tear itself apart in a terrible conflict, and as we saw it spurned, outlawed and isolated by the peoples of the world, precisely because it has become the universal base of the pernicious ideology and practice of racism and racial oppression.
We, the people of South Africa, feel fulfilled that humanity has taken us back into its bosom, that we, who were outlaws not so long ago, have today been given the rare privilege to be host to the nations of the world on our own soil.

We thank all our distinguished international guests for having come to take possession with the people of our country of what is, after all, a common victory for justice, for peace, for human dignity.

We trust that you will continue to stand by us as we tackle the challenges of building peace, prosperity, non-sexism, non-racialism and democracy.

We deeply appreciate the role that the masses of our people and their political mass democratic, religious, women, youth, business, traditional and other leaders have played to bring about this conclusion. Not least among them is my Second Deputy President, the Honourable F. W. de Klerk.

We would also like to pay tribute to our security forces, in all their ranks, for the distinguished role they have played in securing our first democratic elections and the transition to democracy, from blood-thirsty forces which still refuse to see the light.

The time for the healing of the wounds has come.

The moment to bridge the chasms that divide us has come.

The time to build is upon us.

We have, at last, achieved our political emancipation. We pledge ourselves to liberate all our people from the continuing bondage of poverty, deprivation, suffering, gender and other discrimination.

We succeeded to take our last steps to freedom in conditions of relative peace. We commit ourselves to the construction of a complete, just and lasting peace.

We have triumphed in the effort to implant hope in the breasts of the millions of our people. We enter into a covenant that we shall build the society in which all South Africans, both black and white, will be able to walk tall, without any fear in their hearts, assured of their inalienable right to human dignity – a rainbow nation at peace with itself and the world.

As a token of its commitment to the renewal of our country, the new Interim Government of National Unity will, as a matter of urgency, address the issue of amnesty for various categories of our people who are currently serving terms of imprisonment.

We dedicate this day to all the heroes and heroines in this country and the rest of the world who sacrificed in many ways and surrendered their lives so that we could be free.

Their dreams have become reality. Freedom is their reward.

We are both humbled and elevated by the honour and privilege that you, the people of South Africa, have bestowed on us, as the first President of a united, democratic, non-racial and non-sexist government.

We understand it still that there is no easy road to freedom.

We know it well that none of us acting alone can achieve success.

We must therefore act together as a united people, for national reconciliation, for nation building, for the birth of a new world.

Let there be justice for all.

Let there be peace for all.

Let there be work, bread, water and salt for all.

Let each know that for each the body, the mind and the soul have been freed to fulfill themselves.

Never, never and never again shall it be that this beautiful land will again experience the oppression of one by another and suffer the indignity of being the skunk of the world.
Let freedom reign.
The sun shall never set on so glorious a human achievement!
God bless Africa!
Thank you. *(913 Wörter)*

Aufgabenstellung

1. Brief outline the historical events that led to Mandela's inauguration. Focus on the people he mentions.
2. What is the purpose of the speech? Analyse the text.
3. An old saying runs "per aspera ad astra" which means that you have to crawl through the dirt in order to reach the stars. Against the background of the developments that have taken place in South Africa since May 1994, comment on whether this rule has proven right for Mandela's country.

Lösungsvorschläge

1. *Grundkompetenzen: comprehension/orientation/context*
   Zunächst wird erwartet, dass Sie Mandelas Rede in den historischen Zusammenhang einordnen.
   - *Mandela was elected the first black president of SA in 1994*
   - *before that there were more than 40 years of Apartheid regime (introduced in 1948)*
   - *from the early 1950s, international sanctions put pressure on South Africa's government*
   - *de Klerk (l. 37) is elected President in 1989*
   - *in 1990 he announces Mandela's release from prison and repeals the ban of the ANC*
   - *in 1993 Mandela and de Klerk were awarded the Nobel Peace Prize together*

   Anschließend sollen Sie die Bedeutung der Personen erklären, die Mandela in seiner Rede nennt.
   - *the terms "compatriots" (l. 14) and "comrades" (l. 4) refer to ANC members*
   - *in ll. 1/2 he probably addresses the English and Dutch Royal Families and the African monarchs, who supported SA's struggle for democracy*
   - *there are allusions to freedom fighters and victims like Steve Biko*

   This speech by Nelson Mandela dates back to 1994, the year of the first non-racial general election of South Africa, in which he was elected the first black president ever.

This unprecedented event would have been unimaginable only a few decades before, when South Africa's policy was characterised by blatant racism and discrimination against black people and non-white people in general. It had developed and become aggravated since the beginnings of the 20th century, when immigrants from India were treated like second-rate citizens. The "Mines and Works Act" of 1911, for instance, reserved better employment in mining for white people; the "Urban Areas Act" of 1924 led to separated residential areas for blacks and whites.

Establishing their own party in 1912, the ANC (African National Congress), the black majority of the population tried to protest against the discrimination they had to face and called for equality and peace. However, racism developed even further and laws were passed to secure the supremacy of white people.

In 1948, the so-called Apartheid policy became an integral part of South African's domestic policy. This caused a strict economic, political and social separation of blacks and whites. The protests of the ANC that had been peaceful so far began to become violent and bloody, which led to a ban of the ANC and the imprisonment of several members, such as Nelson Mandela, who was sentenced to life imprisonment for High Treason in 1964. Many of those who struggled for equality and democracy lost their lives, such as Steve Biko, one of the most prominent victims.

From the early 1950s on, the opponents' fight against the system was supported by international pressure and sanctions, which left the country more and more isolated. In 1961, South Africa left the Commonwealth and became a republic, and in 1974 it was excluded from the general assembly of the UN. In 1989 de Klerk, the leader of the white National Party, was elected State President. He recognised the need for an end to the Apartheid policy, as international isolation increased. That is probably the main reason why he announced Mandela's release from prison and lifted the ban on the ANC in 1990.

In his speech, Mandela alludes to the assassinated freedom fighters when he talks about "the heroes and heroines [...] who sacrificed [...] their lives" (ll. 57/58). Furthermore, Mandela mentions his "compatriots" (l. 14) and "comrades" (l. 4), to thank all people that fought for democracy and peace in their country, especially his fellow-members of the ANC.

When Mandela thankfully addresses the "Majesties" and "Highnesses" (ll. 1/2), he is probably referring to the English and Dutch Royal Families and the African monarchs that supported South African's struggle for democracy.

Further, Nelson Mandela thanks de Klerk in his speech (ll. 34–37), because he made the first non-racial general election possible – the reason why the two politicians were awarded the Nobel Peace Prize together in 1993. This underlines their shared responsibility for a peaceful change in South Africa, which brought this inauguration address about. *(501 words)*

2. *Grundkompetenz: analysis*
In seiner Rede verfolgt Nelson Mandela offensichtlich drei grundlegende Gedanken.
Gemäß den Konventionen einer Amtsantrittsrede dankt er zunächst seinen Wählern und den politisch Gleichgesinnten für ihre Unterstützung.
- *he refers to the power of the masses and the numerous groups that contributed to his election*
- *he underlines the importance of black victims*
- *he points out that de Klerk has played an important role*

Des Weiteren stellt er seine Ziele dar und vermittelt ihre Angemessenheit durch stilistische Figuren, durch den Ton und durch die Wortwahl. Mandela geht es insbesondere darum, Apartheid durch Menschlichkeit zu ersetzen und die Südafrikaner zu einer Einheit zu formen.
- *targets are conveyed by catchwords like "justice", "peace" and "human dignity" (ll. 30/31)*
- *he uses negations like "non-racialism" to show the contrast to the former regime (l. 33)*
- *enumerations underline the variety of future responsibilities*
- *he adapts the style of a prayer that is reminiscent of Martin L. King's speeches*
- *repetitive use of personal pronouns and metaphors court unity*

Die Besonderheit der Rede besteht vor allem in Mandelas Versuch, die Bedeutung seines Amtsantritts als politischen Wendepunkt zu betonen, indem er Vergangenheit, Gegenwart und Zukunft gegenüberstellt.
- *contrasting catchwords show the difference between past, present and future of SA*

This speech, which was delivered by Nelson Mandela on the occasion of the first non-racial general election of South Africa in 1994, has three main purposes. The first two are typical of every inauguration: having just won the election and having become the head of state, Mandela's main concern is to thank all the people that contributed to his victory. Furthermore, he wishes to present his political goals. The third purpose, however, makes Mandela's speech a unique address: he wants to underline that his inauguration marks an about-turn in the country's history – and indeed he has a fair claim to this. All three purposes are pursued by a particular tone, an abundant use of stylistic devices, above all enumeration and metaphor, and by a significant choice of words.
The beginning of the address embraces people inside and outside South Africa who have fought against Apartheid. When addressing his compatriots, Mandela chooses a very emotional tone (ll. 14–25). He mentions their "(intimate attachment) to the soil of (their) beautiful country" (ll. 14/15) in order to emphasize how important the country and its fortune is to all of them. Later on, the speaker's tone gets even more personal when he expresses his gratefulness and "(dedicates the) day to all heroes and heroines […] who sacrificed in many ways and surrendered their lives so that (South Africa) could be free" (ll. 57/58).

Mandela uses an enumeration to indicate that many social groups took part in the struggle for freedom (ll. 34/35) – basically everybody in the audience can get the impression that he or she has significantly contributed to the changes and that his or her endeavour is appreciated. Special tribute, however, is paid to Mandela's predecessor, de Klerk, as he is the only one who is mentioned by name (l. 37) and to the police and military forces that secured the elections.
The enumeration of allies in Mandela's fight for freedom is followed by a reference to "blood-thirsty forces which still refuse to see the light." (ll. 39/40). Here, Mandela uses a rather religious metaphor in order to contrast friends and foes – the fact that seeing is usually an automatic process insinuates that people will naturally appreciate democracy sooner or later.
Mandela uses the speech to explain his political targets such as leaving behind the Apartheid system for good and promoting a new South Africa that reunites the different races.
The first aim is underlined by several enumerations and the use of parallelism (ll. 30/31, 45/46, 62/63). Mandela draws attention to the crucial aims, namely "peace, prosperity, non-sexism, non-racialism and democracy" (l. 33). The inversion of sexism and racialism by the prefix "non" stresses the contrast between Mandela's plans and the policies of the former government. Towards the end of the speech, Mandela uses an anaphoric sentence structure to swear the audience to this common cause: "Let there be justice for all. Let there be peace for all. Let there be work, bread, water and salt for all. [...] Let freedom reign" (ll. 68–76). The grammatical structure reminds the audience of a prayer and includes a reference to Martin Luther King's historic speech.
The new unity of the races is symbolised by the use of the personal pronoun "we" (l. 61) – Mandela does not make a distinction between black and white but stresses that all South Africans "must [...] act together as a united people, for national reconciliation, for nation building, for the birth of a new world" (ll. 66/67). The well-known metaphor of the "rainbow nation" (l. 52) underlines that SA deserves a pleasant and colourful future after years of rainy days.
The function of the speech as a turning point in the country's history is accentuated by the comparison of past, present and future. Mandela describes the past as an "extraordinary human disaster that lasted too long" (l. 7), whereas he claims that from the day of his election society will be marked by a "newborn liberty" (l. 6), which opens up the chance for a better life.
Mandela uses derogatory terms to refer to the past – adjectives like "pernicious" (ll. 24/25), nouns like "suffering" (l. 45) and verb phrases like "spurned, outlawed and isolated" (l. 23) indicate that people had enough reasons to consider South Africa "the skunk of the world" (l. 74). By contrast, the present is described with extremely positive words, which clearly show that the status of an outlaw has been overcome (e. g. "victory", l. 30; "triumphed", l. 49). The future of the country is characterized by the catchwords "success" (l. 65), "reconciliation" (l. 66), and "justice" (l. 68).

The audience is left with the thought that South Africa is heading towards a united and peaceful future – a positive development that is owing to the cooperation of many South Africans and to Nelson Mandela's political talent. *(754 words)*

3. *Grundkompetenzen: comment/evaluation*
In Ihrer Stellungnahme sollen Sie darlegen, ob das Sprichwort nach Ihrer Einschätzung auf Südafrika ganz, teilweise oder gar nicht zutrifft. In allen drei Fällen müssen Sie Ihre Meinung genau begründen und dabei Ihr Hintergrundwissen zur Entwicklung Südafrikas <u>*nach*</u> *der Amtsübernahme Mandelas einfließen lassen. Da es sicher unstrittig ist, dass die Apartheid für viele Schwarze einem „Weg durch den Staub" gleichkam, können Sie sich in Ihrer Stellungnahme vor allem auf die Frage konzentrieren, ob Südafrika es seit 1994 geschafft hat, die „Sterne" zu erreichen. Stellen Sie die positiven Entwicklungen den Schwierigkeiten gegenüber. Als Fortschritte können u. a. politische Stabilität, zunehmende wirtschaftliche Chancengleichheit, Versöhnung und internationale Akzeptanz genannt werden.*
– *a stable multi-party democracy has come into existence*
– *blacks occupy prominent positions in every walk of life*
– *reconciliation between victims and criminals of the apartheid regime has advanced*
– *SA is no longer banned by other countries but accepted as a partner*
Die verbleibenden Probleme beruhen auf mangelnder Gesundheitsvorsorge, hoher Kriminalität und starken sozialen Disparitäten.
– *AIDS threatens large parts of the (black) population*
– *poverty leads to an extremely high crime rate*
– *the races are still not equal in terms of education and economic success*
– *social and political stability are constantly threatened*

To my mind, the gist of the old saying has proven right for South Africa even though a lot of problems still have to be solved before the country reaches the stars.
After the black majority had crawled through the dirt for so many years before Nelson Mandela was elected, the country has been on the up and up ever since. Indeed, South Africa has developed into a multi-party democracy and both races are represented in (different) political parties – blacks mainly in the African National Congress (ANC), whites in the National Party (NP). Democracy appears to be stable, which is for example mirrored by the fact that Mbeki was peacefully elected Mandela's successor in 1998. In every walk of life, blacks occupy prominent positions today, which shows that South Africa is on its way to justice and equality.
What is more, the people of South Africa do not want to ignore their past and the mistakes that have been made. That is why the "Truth and Reconciliation Commission" (TRC) was founded, which has the task of uncovering the truth about crimes committed during Apartheid. The hearing of those involved is supposed to advance the reconciliation between victims and criminals and to strengthen mutual understanding. From my point of view, this is a very important measure in order

to achieve long-lasting peace, even though some decisions of the TRC are highly debatable and the institution is not accepted by all citizens. On an international level, reconciliation and acceptance were reached more quickly: only shortly after Mandela's inauguration the country was admitted to join the UN and the Commonwealth again after a ban of many years.

Nevertheless, a lot remains to be done. Problems like economic disparities and insufficient education of the lower classes have to be tackled in order to guarantee social and political stability. Poverty – especially among blacks – still leads to a high crime rate and dissatisfaction, and both favour a growth of extremist parties. Whereas white extremists argue that democracy does not offer enough protection, black ones claim that democracy does not guarantee equal opportunities for everybody. The current crisis is furthered by the fact that AIDS poses a severe threat to South Africa. A considerable number of people get infected with this fatal disease every day and the insecurity about the country's future is constantly rising.

Even though I am convinced that South Africa has come close to the stars, because it has succeeded in establishing a just and peaceful society, the fight for freedom has to be continued. If the country fails to move on, it may fall back into the dirt. *(442 words)*

Abiturprüfung NRW – Englisch Leistungskurs: Aufgabe 6
Post-colonialism and migration

Aufgabentyp: *Sach- und Gebrauchstext, A 2 (analytisch-interpretierende Textaufgabe mit anwendungs-/produktionsorientierter Aufgabenstellung)*
Unterrichtsinhalte: *migration, cultural diversity in Great Britain, the media; news story; letter to the editor*

The Life and Death of an Asylum Seeker

HOW BRITISH POLICY DROVE AN AMBITIOUS, YOUNG AFGHAN TO KILL HIMSELF IN A GLASGOW HIGH-RISE, BY PAUL KELBIE

Yesterday, Zekria Ghulm Salem Mohammed might have been quenching his remarkable thirst for knowledge in his local library in Glasgow – just as he had done most days for the last four years.

Instead, his broken, emaciated body was being laid to rest more than 3,500 miles away, in the country he had fled to avoid the Taliban's persecution, only to die, alone and desperate, in a top-floor council flat of a tower block in one of Scotland's poorest areas.

Brought up in a wealthy family in Kabul – his father works for the United Nations in Afghanistan; his mother is involved in the Red Cross; and his brother is a doctor – the fiercely independent young man always seemed destined for a successful career in public service. He too always wanted to help others.

But, in 2000, like so many others, his moderate political views meant he fell foul of the Taliban regime, and he was forced to abandon the University of Kabul where he was in the third year of his studies to become a dentist. He fled Afghanistan, in fear of his life.

Zekria believed Britain would best offer him the sanctuary needed. He already had family in Southampton and knew that the Home Office had ceased deportations to Afghanistan several years earlier because of its political and social instability. In return, he wanted to contribute. He planned to graduate, and then to work in the community. And so began his gruelling journey.

After escaping from Afghanistan across the border into Uzbekistan, he made his way – on foot and in the back of lorries – to Hungary. There he was arrested as an illegal immigrant, and detained for two months.

He managed to get out of the country, made his way to France and the notorious Sangatte refugee camp near Calais. For 16 weeks, he plotted the final part of his escape to a better life.

When he finally arrived in Britain and applied for asylum, he was almost immediately "dispersed" to Glasgow under Home Office rules – along with up to 8,000 other refugees now living in the city. For the last four years, he lived in a flat on the

28th floor of a tower block in Bluevale Street, Dennistoun, provided for him by the National Asylum Support Service.

At first the optimistic young man with the "pleasant smile and polite manner" was confident that the authorities would allow him to repay their hospitality as a hard-working, honest citizen.

Scotland is in desperate need of new blood. A decreasing, ageing population – allied to a shortage of skilled workers – is creating a demographic time bomb threatening the nation's economy, and taking the number of its people below the five million mark within five years. Jack McConnell, Scotland's First Minister, is keen to attract up to 8,000 "educated" immigrants a year.

With more than half the adult population in Scotland, and a third of children, unable to get NHS dental cover, dentists are among those most keenly sought. Friends say that gave Zekria great hope, but, as the weeks passed into months and then into years, the 27-year-old became increasingly despondent.

As someone who had taken the legal route and applied for asylum, instead of disappearing and working illegally, he was forbidden to work or study. He had instead to rely on benefits, when he would have preferred to have made his own way. "He was a good man who wanted to work and make a new life", said a neighbour too afraid to give his name in case it affected his own asylum application. "He didn't want charity or somebody to look after him. He wanted to complete his studies as a dentist and be of some use to the community."

Friends say that the introverted student's frustration was compounded by the general feeling of resentment many asylum seekers face from local people.

[…]

Zekria's will to live began to crack when the Government announced in May 2003 that, following the fall of the Taliban, deportations of refused asylum-seekers from Afghanistan would resume.

Although David Blunkett, the Home Secretary, announced last October that more than 15,000 families could stay in Britain if they had been seeking asylum for more than three years, Zekria, as a single man, was excluded, even though he had been here almost four years by then.

After exhausting all legal attempts to stay in Britain, he was told that he would have to leave his flat and his £38-a-week allowance for food and other essentials was stopped. Tokens from the National Asylum Support Service which should have provided him with food failed to arrive.

"He was too proud to beg and scavenge for food in the bins. But he was starving," said Dr Amir Mohammed, 28, another Iranian friend, who claimed he had to trick Zekria into taking food so that he would not feel like he was begging. "He was ashamed and broken. He felt there was no hope left."

On 18 May, just days after being told he would be evicted from his flat and sent back to Afghanistan, Zekria smashed a glass panel above a door. He looped a rope around it. And then, he hanged himself. […] *(884 words)*

Paul Kelbie, The Independent, 29 May 2004. © The Independent

Aufgabenstellung

1. Explain the headline. How did Zekria Ghulm Salem Mohammed live and die?
2. How does the author arouse pity? Analyse.
3. In 2004, the Independent was named "National Newspaper of the Year" at the British Press Awards. It was given the award for its move to a compact edition*. Against the background of this article, write a letter to the editor in which you argue whether the newspaper also deserves the award for its contents.

* In fact the Independent uses tabloid format but calls it a compact edition to set itself off against the yellow press.

Lösungsvorschläge

1. *Grundkompetenzen: comprehension/orientation/context*
   Führen Sie kurz auf, wie Zekrias Leben verlief und welche Umstände zu seinem Selbstmord führten. Sie könnten auf folgende Aspekte Bezug nehmen:
   - *he was born in Afghanistan as the son of a wealthy family*
   - *he studied to become a dentist*
   - *he was threatened by the Taliban regime and had a difficult escape to Great Britain*
   - *he wanted to be a full member of society but was denied access*
   - *the danger of being deported to Afghanistan led to his suicide*

   The article *The Life and Death of an Asylum Seeker* portrays the life of a refugee from Afghanistan, who tried to lead a new life in Britain. As both the headline and the subheading indicate, it is a very sad story that results in a suicide.
   Zekria Ghulm Salem Mohammed, who grew up in a "wealthy family in Kabul" (l. 8) had to stop studying dentistry to flee from his home country Afghanistan as his "moderate political views" (l. 12) contradicted those of the Taliban regime. After a long and problematic journey to Britain, Zekria was sent to Scotland, along with many other refugees. There, the National Asylum Support Service provided him with a flat and enough money to live on. Zekria, who was a very ambitious and honest man, did not want to rely on these benefits but wanted to graduate first and later work in the community.
   Although there is a lack of dentists in Scotland, he could not continue his studies because asylum-seekers are not allowed to study or work. Consequently, he continued to live his poor life in Glasgow (ll. 6/7), where he had to face discrimination and racist abuse (ll. 51/52). He could not accept the low respect he was confronted with and began to lose all hope.
   What further destroyed his optimistic view was the announcement that he would be deported soon, as the Taliban regime in his home country had been abolished. He was denied his weekly allowance for food and knew that he soon would have to leave his flat. Being "too proud to beg and scavenge for food in the bins"

(l. 65), the young Afghan began to starve. When the eviction from his flat and his deportation to Afghanistan were imminent he saw no other way out than to commit suicide and therefore hung himself. *(307 words)*

2. *Grundkompetenz: analysis*
Es gilt zu untersuchen, wie der Autor beim Leser Mitleid für Zekria weckt. Dies geschieht vor allem durch die Gegenüberstellung der positiven Eigenschaften des Flüchtlings und seiner bedauernswerten Lebenssituation in Glasgow. Außerdem werden Zekrias anfängliche Hoffnung und sein Optimismus mit der späteren Frustration kontrastiert.
– he comes from a wealthy family and is sent to the poorest area in Glasgow
– he is a political refugee but he is treated like an economic one
– he spends his time broadening his horizons but is not allowed to contribute to society
– at the beginning he is hopeful but then becomes more and more desperate
Neben der beschriebenen Kontrastierung trägt insbesondere die Klärung der Schuldfrage zur Erzeugung von Mitleid bei. Dem persönlichen Einzelschicksal Zekrias steht die kalte britische Bürokratie gegenüber, deren Widersinnigkeit den Leser erschüttert.
– regulations keep Zekria from being a dentist even though skilled workers are needed
– regardless of persecution Zekria is threatened with being sent back to Afghanistan
In beiden Teilen der Argumentation weckt vor allem die Wortwahl Sympathie für den toten Asylbewerber.

The author arouses pity by underlining Zekria's wealthy origins, and his positive character traits and skills, which could have been the basis for a successful career – and the reader completely sympathizes with him. In the following, the journalist contrasts Zekria's great potential and hopes with the poor life he was offered in the UK. The sad fate is shown by detailed descriptions of harsh living conditions and Zekria's character change – when facing poverty in Scotland he turns from an optimist into a frustrated man. Additionally, pity is aroused by dealing with the question of guilt: Zekria is presented as a victim, whereas British officials seem to be the reason for his suicide.

At the beginning of the article, the author emphasises that Zekria was no economic migrant that wanted to live at other people's expense, but a young and well-educated man, who had been "brought up in a wealthy family in Kabul" (l. 8). By stating the professions of the refugee's parents, who were employed by well-known organisations like the "United Nations" (l. 8) and the "Red Cross" (l. 9), the author suggests that honesty and helpfulness were very important values for Zekria.

The positive impression is supported by Zekria's intelligence and ambition. His "remarkable thirst for knowledge" (ll. 1/2) shows that he was interested in broadening his horizons instead of living a lazy life. His interest was not egotistic at all, as his ultimate aim was to be a useful member of society: "He [...] always wanted to help others" (l. 11). "He wanted to contribute" (l. 19) to Scotland's society and economy, which means that it was his wish to "repay (its) hospitality as a hard-working, honest citizen" (ll. 33/34). Zekria's altruism is underlined by the constant use of positive adjectives and the frequent references to the refugee's friends and acquaintances. All of them describe Zekria as an amiable character and share the opinion that "he was a good man who wanted to work and make a new life" (l. 47).

In the following passage, the author of the article contrasts Zekria's talent and willpower with the poor living conditions that were offered to him in Scotland. He was denied the right to work and had to live in a "top-floor council flat of a tower block in one of Scotland's poorest areas" (ll. 6/7). The superlative shows particularly that the asylum seeker's situation was rather extreme. The journalist uses evaluating adjectives in order to underline the fact that life in Britain brought about a radical change in Zekria's personality. The "fiercely independent young man" (l. 10) lost his optimism and gradually turned into a frustrated person. In order to portray the Afghan's sentiments only a few days before his death, the author again quotes one of his closest friends, who vividly describes him as "ashamed and broken" (l. 68).

The fact that Zekria was mistreated in Britain is underlined by the comparison to the injustice the refugee had to face in his home country. Sadly enough, he "fled to avoid the Taliban's persecution, only to die, alone and desperate, (in Scotland)" (ll. 5/6). The author points out that Zekria was treated coldly by British officials who kept him from working as a dentist even though highly qualified physicians were "keenly sought" (l. 41) in Scotland during that time. The evaluating adjective underlines the absurdity of asylum regulations. For the journalist the country's "desperate need of new blood" (l. 35) is "a demographic time bomb" (l. 36) that the asylum seeker could have helped to defuse. The personification of the country shows the author to believe that a state is a system which can only work if all of its parts work together well – nobody who is willing to contribute should be excluded. Otherwise the nation might die, just like Zekria.

The moral clash is enhanced by Zekria's lawfulness – the refugee is described as "someone who had taken the legal route and applied for asylum, instead of disappearing and working illegally" (ll. 44/45). The adverb "legally" can be seen as the operative word – in fact it is employed several times throughout the article to distinguish Zekria from other immigrants. The repetition of the word stresses that Zekria's honesty was punished, because he was first forbidden to work and later threatened with deportation.

After British officials had complicated Zekria's life in Britain, they intended to force him to return to Afghanistan, because the Taliban regime had been officially removed. This prospect caused the suicide of the asylum seeker, probably because he knew about the danger of being tortured to death in his home country. This confirms the impression that British authorities (have to) act against general principles of humanity. *(803 words)*

3. *Grundkompetenzen: comment, (re)creation of text*
Beim Verfassen Ihres Leserbriefes sollten Sie vor allem auf die Einhaltung der formalen Kriterien achten: Über dem Artikel muss rechts Ihre Postanschrift mit Telefonnummer und ggf. E-Mail-Adresse erscheinen (Sie können sich auch einen Absender ausdenken!). Sollten Sie Informationen zur Anschrift der Zeitung vorfinden, gehören diese links unter Ihre eigene Adresse (ansonsten verwenden Sie einfach eine fiktive Anschrift). Eine Betreffzeile ist hilfreich, aber nicht zwingend notwendig; als Anrede verwenden Sie „Sir".
Im ersten Absatz machen Sie deutlich, auf welchen Artikel Sie sich beziehen (Titel, Erscheinungsdatum) und welchen Standpunkt Sie vertreten. Im Hauptteil begründen Sie Ihre Meinung – achten Sie dabei insbesondere darauf, dass für den Leser erkennbar ist, welche Ausführungen den Artikel betreffen und welche sich auf die Zeitung allgemein beziehen. Am Ende fassen Sie Ihre Argumente kurz zusammen und formulieren gegebenenfalls einen Appell.
Fassen Sie sich relativ kurz, ohne dass Ihre Überzeugungskraft darunter leidet. In Bezug auf den Stil gilt, dass Sie ruhig ironisch sein können, aber niemals emotional oder verletzend werden dürfen.

1 London Road
London
E98 ITA
Tel: 08888888888
E-mail:
pparker@yahoo.com
May 31, 2004

The Independent
Independent House
191 Marsh Wall
London
E14 9RS

Re: "The Life and Death of an Asylum Seeker", 29 May, 2004

Sir,
After reading the article, "The Life and Death of an Asylum Seeker", which was published in "The Independent" on 29 May 2004, I wondered about the label "Newspaper of the Year", which is printed in the banner above the article. I have to admit that I am not entirely convinced that this specific article contributes to the good reputation of your publishing house. Although the text offers a really interesting approach to an important topic, it is far too biased and emotional for a quality paper.
In contrast to other reports, Kelbie takes a rather personal view, presenting the life story of a particular refugee from Afghanistan. The journalist shows that there is a difference between refugees who want to live at the expense of Britain's society and those who want to contribute to it. The fact that Zekria Ghulm Salem Mo-

hammed – the man presented in the news story – was certainly an example of the latter helps to fight against prejudices and stereotypes.
Nevertheless, I am not convinced that the article deserves being published in the "Newspaper of the Year", as – from my point of view – a good report needs to be neutral and based on facts which are taken from credible sources. By contrast, in "The Life and Death of an Asylum Seeker" many undefined "friends" and other asylum seekers are quoted, whereas the local authorities do not have the chance to defend themselves even though they are blamed for the refugee's death. I believe that this type of selective information simply makes it impossible to understand the complex scenario of asylum seeking.
What is more, the language of the article is extremely lurid and partly reminds me of that used in tabloids, of which you hopefully only intend to copy the format. The author speculates about the feelings Zekria Ghulm Salem Mohammed might have had, and he describes his "broken, emaciated body". To my mind, these speculations and details are completely superfluous and out of place – they only aim to arouse pity.
To put it in a nutshell, I hope that you will maintain interesting topics in the future, but change to a more unbiased and legitimate way of presenting them. Otherwise you should label your articles "editorial" or "comment" to indicate that neutral information cannot be expected.

Yours faithfully,
Patricia Parker *(426 words)*

Abiturprüfung NRW – Englisch Leistungskurs: Aufgabe 7
Shakespeare – a literary "giant" in the 21st century

Aufgabentyp: *Literarischer Text, A 2 (analytisch-interpretierende Textaufgabe mit anwendungsorientierter Aufgabenstellung)*
Unterrichtsinhalte: *Love; poetry; comment; play*

***My Heart Leaps Up* by William Wordsworth**

My heart leaps up when I behold
A rainbow in the sky:
So was it when my life began;
So is it now I am a man;
So be it when I shall grow old,
Or let me die!
The Child is father of the Man;
And I could wish my days to be
Bound each to each by natural piety.

Aufgabenstellung

1. State the main aspects of the poem *My Heart Leaps up* in your own words.
2. Explain the speaker's attitude towards the process of growing old and analyse how he uses stylistic and formal means to present it.
3. Shakespeare's "Romeo and Juliet" depicts tragic differences between "old" and "young" which are owing to a loss of youthful thinking in the course of aging. Comment on Shakespeare's and Wordsworth's views on the question if "the child" can really be the "father of the Man" (l. 7).

Lösungsvorschläge

1. *Grundkompetenzen: comprehension/orientation/context*
   Zwei wesentliche Aspekte gilt es herauszuarbeiten:
   – the speaker has an unrestricted love of nature
   – the importance of childhood helps growing old
   Diese Elemente werden in der Bewunderung des Regenbogens miteinander verbunden. Damit ist Wordsworths Gedicht typisch für romantische Lyrik.

   The poem *My Heart Leaps Up* by William Wordsworth describes the intensive emotions of the speaker, who sees a rainbow. The text deals with unrestricted love of nature, the wish for thankful appreciation, the importance of infancy for every human being's life and the process of growing old.
   The lyrical I is dominated by its admiration of nature and its powers – it glorifies the moment when it gladly beholds the beauty of a natural phenomenon (ll. 1/2). Humble love seems to be the basis for the speaker's existence as he wishes to have all of his days "bound each to each by natural piety" (ll. 8/9), otherwise he would prefer to die (l. 6).
   In line seven, the importance of childhood for human life is revealed. Every experience that children have when they are young is crucial and shapes their personality and their later lives. Children are admired for their innocence and sense of natural beauty, which makes them an example for all adults that have lost the ability to realise the beauty of a simple moment like that presented by Wordsworth. The speaker hopes that he can take delight in the – typically romantic – admiration of nature until he dies. *(196 words)*

2. *Grundkompetenz: analysis*
   Zeigen Sie in Ihrer Antwort, dass der Sprecher des Gedichts das Altern als Kontinuum versteht und sich auch im Alter Glück erhofft. Die Grundvoraussetzung für eine positive Lebensentwicklung liegt in der Fähigkeit, sich in allen Phasen an der Schönheit der Natur erfreuen zu können.
   In der ersten Doppelzeile wird die Freude an der Umwelt beschrieben.
   – the rainbow serves as a symbol of hope
   – the personification of the heart (l. 1) stresses the emotional reaction
   Im zweiten Teil des Gedichts äußert der Sprecher den Wunsch, diese Freude sein Leben lang zu empfinden, und versichert, dass er ansonsten lieber sterben möchte.
   – anaphora in lines 3–5 stresses the parallelism of feelings
   – different tenses indicate that life as such is subject to change
   – the wish to die is stressed by the brevity and punctuation of line 6
   Im dritten Teil des Werkes wird die Bedeutung der Jugend hervorgehoben, die dem Alter die unschuldige Freude an der Natur lehren kann.
   – the connection between child and father is emphasised by capital letters
   – the enjambment of the last two lines stresses the wish for continuity

   The speaker shows his attitude towards ageing by means of his reactions to his observing a rainbow during different periods of his life and the wishes he utters for

his personal future. He further underlines this attitude by using diverse stylistic and formal means, such as symbolism, personification, enjambment and free verse.
The symbol of the "rainbow in the sky" (l. 2) is both the prime example of an initiating incident that gives joy and new hope to people as long as they live, and an indication that rainy days are followed by good times in the course of human life. Further, Wordsworth's lyrical I claims that positive feelings hit him all of a sudden with mighty power: in order to show that he personifies the heart – obviously the human organ generally equated with life – he gives it individual reactions: "(it) leaps up" (l. 1).
That serves to prove the independence of Wordsworthian joy from rational thinking. Thus we have to state that the process described here is a very direct one, which is also indicated by the enjambment used in lines one and two.
In the following three lines the author reveals the experience of happy feelings during the process of ageing, i.e. in his childhood and at present. Furthermore, he wishes for a corresponding future. To this purpose, Wordsworth uses an anaphoric sentence structure (ll. 3–5) that formalizes the parallelism of feelings even though life as such is moving on. The latter fact can be traced back in the usage of different tenses (ibid.).
The sixth verse stands out because it differs in length and position. It shows that the lyrical I is unsure about whether he can maintain his joyful feelings. Indeed, the exclamation emphasizes the strictness of the commitment to die in case he loses the ability to be exalted by nature's beauty. The contrast between possible death and former life is enhanced by the strong connection between the two contrasting rhyming words "sky" and "die" (ll. 2, 6).
In the final part (ll. 7–9), which is separated by the usage of free verse, the lyrical I's acknowledgement of and his wishes for the future course of ageing are presented. First Wordsworth inverts biological facts into poetic recognition by describing the child metaphorically as the "father of the Man" (l. 7): the innocent and virginal joy of youth is worth maintaining because it is in many ways superior to more mature ways of perceiving our surroundings. By capitalising the two key words, their importance is stressed. The enjambment in lines eight and nine emphasizes that the speaker wishes this innocent exaltation to continue throughout his life.
According to the poet, only if we hold on to the positive feelings of our youth can we reach the status of a man who is both happy and wiser – or at least wise enough to be thankful for the opportunity to grow old happily (ll. 8/9). *(492 words)*

3. *Grundkompetenzen: comment/evaluation*

Es bietet sich an, dass Sie Ihre Argumentation zunächst auf einer Erklärung aufbauen, warum die Unterschiede zwischen den jungen und den alten Charakteren zu dem tragischen Ende von „Romeo and Juliet" führen. Abschließend können Sie dann ganz einfach herausstellen, dass Shakespeare und Wordsworth unterschiedliche Standpunkte aufzeigen und Ihre persönliche Meinung dazu ausdrücken.

Shakespeares Tragödie kann als klassisches Beispiel einer Liebesaffäre zweier junger Menschen gelten, die an den Fehlern ihrer Eltern scheitert. Hier sind insbesondere jahrelang aufgestauter Hass, Sturheit und (finanzielles) Kalkül zu nennen – von einer spontanen, wertschätzenden Empfindung, wie sie das lyrische Ich in Wordsworths Gedicht beschreibt, hat sich die ältere Generation der Capulets und Montagues (von wenigen Ansätzen abgesehen) weit entfernt.

- *the parents pass on negative feelings towards their children*
- *the family feud seems to prove that bad things rather than good things prevail in the course of time*
- *the decision for Paris shows that they do not leave any room for other than cold and rational thoughts*

Die Jugend von Romeo und Juliet sorgt dagegen für eine Neubewertung des Lebens und der Zeit – aus einem Gegeneinander wird durch ihre Liebe (für kurze Zeit) ein Miteinander:

- *spontaneous appreciation of each other leads to instant love*
- *the innocence, the enthusiasm and the love of the young couple seems to triumph*
- *the plot line seems to show that youth can change life for the better*
- *the "wings of love" overcome the highest and strongest walls which have been built in the course of time*

Die Liebe scheitert letztlich daran, dass die spontane Emotion der Jugend im Kalkül des Erwachsenwerdens verstrickt wird. Mit dem Plan von Bruder Lawrence (und seinem vermeintlichen Scheitern) stirbt das Kind in Romeo und Juliet und letztlich sterben auch die beiden selbst.

Anders als in dem Stück bleiben negative Erscheinungen in Wordsworths Gedicht völlig ausgeblendet. Lebensabschnitte, die vielfach mit Furcht besetzt sind, werden positiv gesehen, ohne dass unvermeidliche negative Lebenserfahrungen (hinreichend) berücksichtigt werden:

- *social pressures and negative experiences, which inevitably lead to a negative attitude towards life, are ignored in the poem*

Shakespeare's tragedy is a dramatic text which shows that many people have lost their youthful enthusiasm and their ability to love – above all the parents of Romeo Montague and Juliet Capulet. In the play this even leads to the tragic death of the protagonists, who try to fight the stubbornness, the hatred and the inhumane rationalism which time has inflicted on the older generation. Slightly simplified: the older characters in Shakespeare's *Romeo and Juliet* have lost the capacity which the speaker in Wordsworth's poem describes.

As a consequence, the parents mainly pass on negative feelings to Romeo and Juliet and all the younger kinsmen; and the consistent fierceness of the family feud between the Capulets and the Montagues clearly indicates that in the course of time the bad things prevail rather than the good things. The decision for Paris shows that there is no room for other than cold and rational thoughts.
Suddenly the young characters change the situation completely because they come to believe in spontaneous feelings of appreciation and trust their intuition. At the masked ball they fall in love with each other at first sight and the plot line seems to show that their enthusiasm and their love can change life for the better. The "wings of love", as Romeo puts it in the balcony scene, can overcome the highest and strongest walls which the older generation has built in the course of time.
However, childlike innocence is lost soon and the intensity of feelings – which Wordsworth appraises – turns out to be a fatal trap for the two lovers. Through the death of Romeo and Juliet the parents are confronted with their own shortcomings and there is a faint hope that they have learnt something for the rest of their lives: in a way we could maybe even say that at this very moment "the child" indeed "is father to the man" – but with a tragic twist.
In contrast to Shakespeare's play, social pressures and negative experiences, which inevitably lead to a negative attitude towards life, are ignored in Wordsworth's poem.
To me, Wordsworth's poem sheds a rather unrealistic light on the processes of growing old. Whereas ageing is often fearfully associated with increasing stubbornness and steadily decreasing optimism and vitality, *My Heart Leaps Up* presents it as something normal and even beautiful. The fact that many grown-ups are confronted with strong social pressures and unpleasant experiences and thus inevitably develop a negative attitude towards life is completely forgotten. In contrast, Shakespeare's play shows this in an impressive and lifelike way. In my personal opinion the hope that "the child is father to the man" is just as romantic as useless. *(444 words)*

Abiturprüfung NRW – Englisch Leistungskurs: Aufgabe 8
Shakespeare – a literary "giant" in the 21st century

Aufgabentyp: *Literarischer Text, A 2 (analytisch-interpretierende Textaufgabe mit anwendungs-/produktionsorientierter Aufgabenstellung)*
Unterrichtsinhalte: *Shakespeare, Elizabethan theatre; plays; media*

***Hamlet* by William Shakespeare**

ACT I. SCENE I.

Elsinore. A platform before the castle.
FRANCISCO *at his post. Enter to him* BERNARDO.

BERNARDO.
Who's there?

FRANCISCO.
Nay, answer me: stand, and unfold yourself.

BERNARDO.
Long live the king!

FRANCISCO.
Bernardo?

BERNARDO.
He.

FRANCISCO.
You come most carefully upon your hour.

BERNARDO.
'Tis now struck twelve; get thee to bed, Francisco.

FRANCISCO.
For this relief much thanks: 'its bitter cold,
And I am sick at heart.

BERNARDO.
Have you had quiet guard?

FRANCISCO.
Not a mouse stirring.

BERNARDO.

Well, good night.
If you do meet Horatio and Marcellus,
The rivals of my watch, bid them make haste.

FRANCISCO.

I think I hear them. – Stand, ho! Who is there?
Enter HORATIO *and* MARCELLUS.

HORATIO.

Friends to this ground.

MARCELLUS.

And liegemen to the Dane.

FRANCISCO.

Give you good night.

MARCELLUS.

O, farewell, honest soldier:
Who hath relieved you?

FRANCISCO.

Bernardo has my place.
Give you good night. *[Exit.]*

MARCELLUS.

Holla, Bernardo!

BERNARDO.

Say –
What, is Horatio there?

HORATIO.

A piece of him.

BERNARDO.

Welcome, Horatio: – welcome, good Marcellus.

MARCELLUS.

What, has this thing appear'd again to-night?

BERNARDO.

I have seen nothing.

MARCELLUS.

Horatio says 'tis but our fantasy,
And will not let belief take hold of him
Touching this dreaded sight, twice seen of us:
Therefore I have entreated him along
With us to watch the minutes of this night!

That, if again this apparition come,
He may approve our eyes, and speak to it.

HORATIO.
Tush, tush, 'twill not appear.

BERNARDO.
Sit down awhile;
And let us once again assail your ears,
That are so fortified against our story,
What we two nights have seen.

HORATIO.
Well, sit we down,
And let us hear Bernardo speak of this.

BERNARDO.
Last night of all,
When yond same start that's westward from the pole
Had made his course t'illume that part of heaven
Where now it burns, Marcellus and myself,
The bell then beating one, –

MARCELLUS.
Peace, break thee off; look, where it comes again!
Enter GHOST.

BERNARDO.
In the same figure, like the king that's dead.

MARCELLUS.
Thou art a scholar; speak to it, Horatio.

BERNARDO.
Looks it not like the king? Mark it, Horatio.

HORATIO.
Most like: – it harrows me with fear and wonder.

BERNARDO.
It would be spoke to.

MARCELLUS.
Question it, Horatio.

HORATIO.
What art thou, that usurp'st this time of night,
Together with that fair and warlike form
In which the majesty of buried Denmark

Did sometimes march? By heaven I charge thee,
speak!

MARCELLUS.

It is offended.

BERNARDO.

See, it stalks away!

HORATIO.

Stay! Speak, speak! I charge thee, speak!
[*Exit* GHOST.]

MARCELLUS.

'Tis gone, and will not answer.

BERNARDO.

How now, Horatio! You tremble, and look pale:
Is not this something more than fantasy?
What think you on't?

HORATIO.

Before my God, I might not this believe
Without the sensible and true avouch
Of mine own eyes.

MARCELLUS.

Is it not like the king?

HORATIO.

As thou art to thyself:
Such was the very armour he had on
When he th'ambitious Norway combated;
So frown'd he once, when, in an angry parle,
He smote the sledded Polacks on the ice.
'Tis strange.

MARCELLUS.

Thus twice before, and jump at this dead hour,
With martial stalk hath he gone by our watch.

HORATIO.

In what particular thought to work I know not;
But, in the gross and scope of my opinion,
This bodes some strange eruption to our state.

MARCELLUS.

Good now, sit down, and tell me, he that knows,
Why this same strict and most observant watch
So nightly toils the subject of the land,

And why such daily cast of brazen cannon,
And foreign mart for implements of war;
Why such impress of shipwrights, whose sore task
Does not divide the Sunday from the week;
What might be toward, that this sweaty haste
Doth make the night joint-labourer with the day:
Who is't that can inform me?

HORATIO.

That can I;
At least, the whisper goes so. Our last king,
Whose image even but now appear'd to us,
Was, as you know, by Fortinbras of Norway,
Thereto prick'd on by a most emulate pride,
Dared to the combat; in which our valiant Hamlet--
For so this side of our known world esteem'd him--
Did slay this Fortinbras; who by a seal'd compact,
Well ratified by law and heraldry,
Did forfeit, with his life, all those his lands
Which he stood seized of, to the conqueror:
Against the which, a moiety competent
Was gaged by our king; which had return'd
To the inheritance of Fortinbras,
Had he been vanquisher; as, by the same covenant,
And carriage of the article design'd,
His fell to Hamlet. Now, sir, young Fortinbras,
Of unimproved mettle hot and full,
Hath in the skirts of Norway here and there
Shark'd up a list of lawless resolutes,
For food and diet, to some enterprise
That hath a stomach in't; which is no other--
As it doth well appear unto our state--
But to recover of us, by strong hand
And terms compulsatory, those foresaid lands
So by his father lost: and this, I take it,
Is the main motive of our preparations,
The source of this our watch and the chief head
Of this post-haste and romage in the land.

(873 words)

l. 8	unfold yourself: make yourself known
l. 30	rival: companion
l. 61	will not let belief take hold of him: does not want to believe
l. 62	touching: concerning
ll. 119/120	without the [...] avouch/of mine own eyes: if I had not seen it with my own eyes
l. 127	parle: discussion between enemies or people who disagree

l. 128 He smote the sledded Polacks: he beat the Polish riding a sledge
l. 131 jump: exactly, just
ll. 160/161 a moiety competent/Was gaged: a sufficient portion was pledged

Aufgabenstellung

1. Explain how the opening complies with the Elizabethan stage.
2. Analyse how tension is created.
3. Explain the first couple of shots you would use to begin a "Hamlet" film.

Lösungsvorschläge

1. *Grundkompetenzen: comprehension/orientation/context*
   Ausgehend von der ersten Szene sollen Sie hier vor allem Hintergrundwissen zur elisabethanischen Bühne nachweisen. Typische Elemente des Theaters im späten 16. und frühen 17. Jahrhundert waren die geringe Anzahl von Requisiten, der Balkon über der Bühnenplattform, die Falltür und das Publikum, dass teilweise dicht gedrängt an der Bühne stand und ggf. laute Kommentare zum Geschehen beisteuerte. Des Weiteren ist es wichtig zu erwähnen, dass die Theaterstücke nachmittags unter freiem Himmel aufgeführt wurden.
   Diese Elemente spiegeln sich in der Anfangsszene von „Hamlet" wie folgt wider:
   – different parts of the stage have different functions
   – the appearance of the ghost attracts the audience's attention
   – the characters' replies refer to time and place to give the audience some orientation

   The first scene of *Hamlet* includes three major elements that are typical of a play written during Elizabethan times: Shakespeare uses different parts of the stage, he provides a supernatural sensation for the audience, and he uses spoken stage.
   The "platform before the castle" (l. 2), where the changing of the guards takes place, could be represented by the balcony, which every Elizabethan theatre possessed. It was used as required, sometimes by musicians, sometimes by spectators and most often as a part of the play itself.
   The appearance of a ghost in the opening scene of *Hamlet* is a successful means of pleasing the groundlings in the theatre. When a supernatural apparition entered through the trap door or over the balcony, the attention and involvement of the 3000 people in the playhouse was guaranteed. Especially the lower classes frequently commented on what they saw, and they took part in what was happening on stage.
   As the open-air performances of Elizabethan plays were done in sparsely decorated theatres and usually started in the afternoon, Shakespeare could only use language to indicate time and place of the action. The audience would not know that it was midnight if Bernardo did not say that "'tis now struck twelve" and if he

did not tell Francisco to go to bed (ll. 18/19). The place is defined when the characters talk about "the Dane" (l. 37) and "Denmark" (l. 101) – the "bitter cold" of the night shows that the setting is rather unpleasant. *(246 words)*

2. *Grundkompetenz: analysis*
Der Spannungsbogen der Szene baut auf zwei Grundelementen auf. Zunächst erfährt der Zuschauer, dass etwas nicht stimmt, wird über die genaueren Gründe aber zunächst im Dunkeln gelassen. Diese Ungewissheit spiegelt sich auch im Sprachgebrauch der Charaktere und in der allgemeinen Unruhe im Staat Dänemark wider (wobei letztere auf den Machtwechsel und die Kriegsgefahr zurückzuführen ist).
   - *the guards diverge from their expected behaviour*
   - *there are six questions in the first 20 lines*
   - *the conversation between Francisco and Bernardo is terse*
   - *the former king is dead and Denmark is preparing for war against Norway (ll. 138–177)*

   Erst im weiteren Verlauf wird deutlich, dass das wiederholte Erscheinen eines Geistes der Grund für die Sorge der Soldaten ist. Die Bedeutung der Erscheinung zeigt sich im veränderten Verhalten Horatios: Obwohl dieser anfangs nicht an einen Geist glauben wollte, muss er dessen Existenz nun anerkennen und fürchtet sich.
   - *Horatio identifies the ghost as the former King of Denmark (ll. 91–93)*
   - *the ghost does not speak and therefore the audience does not know whether he bodes well or ill (ll. 85 ff.)*

Shakespeare's expressive symbolism of disturbance as well as the supernatural apparition serve to create an atmosphere of anxiety and dread. Horatio's change in behaviour shows how deeply man can be affected by the unexpected.

Disturbance and uncertainty are the central threads the audience can follow throughout the opening scene of *Hamlet*. A sense of unrest is not only revealed in the conduct of the guards on duty, but is additionally mirrored in the uneasy situation of the state of Denmark.

Bernardo's incorrect and thoughtless challenge shows his nervousness and apprehension. In fact, it is not his duty to call out – in contrast it is a military custom that the officer on guard enquires who is approaching his post. Accordingly, Francisco does not answer Bernado's question. It is worth noting that it is not only Francisco who refuses to call out his name, but Horatio and Marcellus too, who only mention that they are "liegemen to the Dane" (l. 37). Both characters and audience are constantly faced with a lack of information. Another major omission is rooted in the fact that Shakespeare does not give any reason why Francisco claims to be "sick at heart" (l. 22). It is noticeable that Francisco, the sentry, is relieved when his duty comes to an end (l. 22), whereas Bernardo is anxious about being alone. He requests Francisco to look out for Marcellus and Horatio, "the rivals of (his) watch" (l. 30), and "to bid them make haste" (l. 30). This request is another indication of the danger inherent in the situation.

The conversation between Francisco and Bernardo is characterised by its terseness and abruptness. The verse does not flow, which is a further implication of how ill at ease the two men are. Altogether six questions are put forward in the first 20 lines of the scene – the characters obviously feel insecure.
The phenomenon that frightens Bernardo and Marcellus is first described as a "thing" (l. 56), then as a "dreaded sight" (l. 62), and finally as a supernatural "apparition"(l. 65). Horatio has not seen the ghost yet and does not trust the sentry's perception. According to Bernardo, his "ears [...] are [...] fortified against (their) story" (ll. 71/72). The personification reveals that Horatio's rational thinking is similar to a castle that is hard to conquer and that he needs proof to believe them.
When Horatio identifies the ghost as the former King of Denmark he overcomes his scepticism and thus mirrors the reaction of the audience. For the greater part of the Elizabethan audience, there was no doubt that the apparition on stage was a real ghost, because even traditional scholars believed in them. Horatio's exclamations and the numerous exclamation marks show how powerful his emotions suddenly are. The revelation that his friends have been telling the truth is a shock for him – he trembles and looks pale (l. 114). Horatio has lost his self-assurance – he has to admit that the apparition "harrows (him) with fear and wonder" (l. 93).
He also links the fate of his country to the apparition of the ghost, which according to him "bodes some strange eruption to (their) state" (l. 136). He speaks of a coming evil for Denmark, and interprets the appearance of the ghost as a bad omen. *(687 words)*

3. *Grundkompetenz: (re-)creation of text*
Hier kommt es vor allem darauf an, die im zweiten Teil analysierte Spannung filmtechnisch umzusetzen. Dabei wird von Ihnen die Verwendung fachsprachlicher Termini aus dem Bereich Filmanalyse erwartet (z. B. „establishing shot", „close-up"). Neben den zu verwendenden Kameraeinstellungen sollten Sie auch beschreiben, was auf dem Bildschirm zu sehen ist. Geräusche (z. B. „sound of footsteps"), Licht (z. B. „low key") und bestimmte Wettererscheinungen (z. B. „fog", „rain") sind sehr gut geeignet, um die spannende Atmosphäre zu verdichten. Achten Sie darauf, dass Sie alle Ihre Entscheidungen überzeugend begründen.

As a director of a *Hamlet* film I would aim at creating tension in the opening scenes by enhancing the fear of the unknown, which has been depicted in task 2.
The first shot would be an establishing shot to give a general overview of the setting. The camera would be placed at a high angle showing an old stone castle with its impressive fortifications, which are covered by a blanket of fog. Thus, a creepy and mysterious atmosphere is created from the very beginning.
The camera would then pan and at the same time zoom in on the platform in front of the castle in order to take the viewer closer to the scene of the action. Due to the fact that it is night, I would only use low key lighting – just enough to perceive the skyline of the building and the relief of the surrounding hills. The zoom ends in a medium shot of Francisco standing on guard on the platform, which is partly

lit by a torch. This enables the audience to have a closer look at costumes and facial expressions. A bell strikes twelve and footsteps approach from off screen. It is not yet clear whether a friend or foe is advancing towards Francisco, whose determination is shown in a short close-up of his face.

After a cut, Bernardo can be seen climbing steps up to the platform. This would first be done from a low angle point of view and then in a tracking shot. The low angle shot serves to show the importance of the person arriving while the tracking camera emphasises Bernardo's movements and involves the viewers more directly. The camera would then show a close-up of Bernardo's face which indicates anxiety, followed by a quick cross-cut to Bernardo's weapon in his fist. Further cross-cuts of various pieces of his armour would then be shown. The camera would finally rest again in a close-up of Bernardo's face. The viewer feels Bernardo's dread of going on watch even though he is well armed. During this whole sequence, the sound of creaking metal and feet on stone can be heard off-screen, which adds to the creepy atmosphere.

In an over-the-shoulder shot, Francisco is shown from Bernardo's perspective. Due to the fog the viewer only gets a blurred vision of the other sentry. The relationship between the two men is still unclear. The last sound of my opening sequence of Shakespeare's *Hamlet* would be Bernardo's challenge from off-screen.

(413 words)

Abiturprüfung NRW – Englisch Leistungskurs: Aufgabe 9
Utopia and dystopia – exploring alternative worlds

Aufgabentyp: *Sach- und Gebrauchstext, A1 (Textaufgabe mit analytisch-interpretierendem Schwerpunkt)*
Unterrichtsinhalte: *utopia, science and ethics, economic and ecological issues, global challenges; the media; comment*

Farming is not like any old business
The dogma of profit led to GM crops; it could spell global disaster

Genetically modified crops are excellent technology. If Britain and the world had agricultural policies that truly were designed for the benefit of humankind – to feed everybody well, provide employment and look after the environment – they might be useful in many ways; and this week's Monsanto decision to give up on GM wheat might be regrettable.

But we have no such policy. Instead we have a mantra embraced by the World Bank, the IMF, the World Trade Organisation, and the US and British governments: "Agriculture is a business like any other." This dogma is leading the world in totally the wrong directions – and within it, GM crops have become key players.

For agriculture qua business must seek to maximise profit. So it must maximise turnover and output. Scientists and politicians claim this must be good – for there still are famines, and the world population is set to increase by 50 % to around 9 billion by 2050.

But the recent famines have rarely resulted from inability to produce food. Almost always you find civil war in the background, corruption, or – as in the Ireland of the 1840s or recently in Argentina – starvation in the midst of plenteous crops that are earmarked for export. In the short term, more production leads to glut – and so world prices for coffee have dropped by nearly 70 % in the past five years. The world population is indeed rising but (says the UN) it will stabilise by 2050 and no frenetic increase in food is required. Besides, by then the world's livestock will be consuming enough grain to feed 4 billion people. If we ate less meat we could feed ourselves easily. All that's needed is traditional cuisines, which use meat sparingly. But the business dogma requires ever more livestock because that is where the profit lies.

Agriculture qua business must then strive to minimise costs. This is dangerous: cheap cattle-feed (made from bits of other cattle) is what caused BSE. Worse: cutting costs means cutting labour, which traditionally is the biggest input. After the second world war, about 20 % of Britain's workforce was on the land, while now (like the US) we are down to a little over 1 %. The foot-and-mouth epidemic arose from too little care – farming run on a wing and a prayer. But that's business.

In Britain, the rundown of the agrarian workforce is foul, but not quite disastrous. We are rich and have alternatives. But in the developing world, 60 % of people work on the land. In India, that is 600 million. Commercial forces worldwide have been urging India to industrialise its farming as Britain has done. This would increase yields and bring down costs – but would also put at least 500 million out of work. The envisaged alternatives fall short of what would be required by orders of magnitude. IT, India's great success, employs barely 100,000. The world as a whole needs to remain primarily agrarian – but if agriculture is just a business, then the fewer on the land, the better.

[…]

A radical rethink is needed in all agriculture: social, economic, political, scientific, technical. When the thinking has been done, the world may find roles for GM crops. Until then, they must be resisted. *(539 words)*

© Colin Tudge, The Guardian, May 12, 2004.

l. 4 Monsanto: name of a company which is a major producer of GM seeds
l. 7 IMF: International Monetary Fund
l. 9 GM crops – fruits or vegetables that were produced on the basis of a genetical modification
l. 6 mantra – Indian for personal creed
l. 8 dogma – here: extremely strict rule
l. 10 qua – as a/as something (from Latin)

Aufgabenstellung

1. Which impact does the dogma that "Agriculture is a business like any other" (l. 8) have on farming?
2. Classify the article and analyse how different text type elements and stylistic devices convey the author's opinion.
3. What effects will the past of farming have on its future? Comment.

Lösungsvorschläge

1. *Grundkompetenz: comprehension*
   In diesem Teil der Klausur sollen Sie aufzeigen, welche Konsequenzen sich Tudge zufolge für die Landwirtschaft ergeben, wenn sie, wie ein gewöhnliches Wirtschaftsunternehmen, dem Profitdenken unterworfen bleibt.
   – *output has to be maximised and input has to be minimized*
   – *overproduction leads to drop-off in prices*
   – *livestock consumes grain which could be used to feed mankind*
   – *cheap feed caused BSE*
   – *reduction of workforce leads to unemployment and neglect of animals*

   The dogma that "(a)griculture is a business like any other", which is criticised by Colin Tudge in his article, "Farming is not like any old business", has grave impacts on farming today because the same rules that are applied to any commercial

business are applied to farming, too. This affects production, prices for food on the world market, the amount of livestock bred, employment and, last but not least, causes diseases.
As agriculture is now seen as a business, its purpose is to "maximise turnover" (ll. 10/11) and at the same time to "minimise costs" (l. 24). This leads to massive overproduction, which in return leads to a decrease in prices on the world market. The need to increase profit makes farmers keep more and more livestock, which on the one hand is very profitable, but on the other hand takes away "enough grain to feed 4 billion people" (l. 21).
One way to minimise costs is to feed animals on cheap but low quality feed, which is why BSE broke out. Another way to earn more money is to reduce the workforce. In industrialized countries, this has led to the fact that many people have lost their jobs and that many animals are less well cared for. This lack of care is considered one reason for the foot-and-mouth epidemic. As soon as income rises in third world countries, the urge to save money on salaries will rise. Because in most of those countries, 60 % of all people are employed in the first sector, unemployment will be an even greater problem than in economically more developed countries (EMDCs). *(267 words)*

2. *Grundkompetenz: analysis*
Sie sollten hier feststellen, dass es sich bei dem Artikel um eine „biased discussion" handelt, also um eine vom Standpunkt des Autors geprägte Diskussion. Die Ablehnung des wirtschaftlichen Dogmas wird bereits im Titel und im Untertitel ausgedrückt.
– *the operative words "not" and "but" show that the journalist disagrees with the dogma*
Entscheidende, die Argumentation des Artikels tragende Stilmittel sind die Zeichensetzung, kontrastierende Bindewörter sowie die Auswahl und Präsentation von Fakten und Zahlen:
– *symbolic punctuation underlines the weighing of positive and negative aspects (ll. 2/3)*
– *connectives mirror the contrastive character of the text (e. g. "but", l. 6)*
– *the author gives selective information and uses facts and figure extensively (e. g. ll. 12/13, 17/18, 26–28)*
Schließlich transportieren wertende Adjektive und schlussfolgernde Stellungnahmen die persönliche Auffassung des Verfassers:
– *evaluating adjectives like "disastrous" or "dangerous" underline the negative attitude of the author*
– *he concludes by personally evaluating the situation and calling for a change*

The newspaper article, *Farming is not like any old business*, can be classified as a biased discussion because it is not neutral and also comprises elements which are typical of a comment. Colin Tudge not only depicts the contrasting opinions on the question of whether "agriculture is a business like any other" (l. 8), but clearly tries to influence the reader. It is evident that the author is not in favour of trans-

ferring economic principles from the second and third sectors to the first sector – this is already insinuated at the very beginning of the article. The usage of symbolic punctuation in combination with contrasting connectives, and the selection of facts and figures support this impression. Additionally, evaluating adjectives, commenting and evaluating text type elements reveal the fact that the author of the article tries to push through his personal opinion.
The heading is not formulated as a question but as a thesis, which can be more frequently found in a comment than in a discussion. The operative word "not" (title) hints at the fact that Colin Tudge does not agree with the common opinion that farming can be compared to any kind of industry or service. The subtitle refers to the fact that the urge to make profit has already manifested itself in the spread of genetically modified crops, which "could spell global disaster" (subheading). The word "spell" brings about negative connotations as it insinuates that a merely economic dogma is nothing but a curse. According to the subtitle, plagues may befall the planet as a result of greed. Tudge's assumption that we face a worldwide threat can be considered an exaggeration but it can also be understood as a realistic prediction: indeed, we may not be able to limit the forthcoming crisis to a certain country or region.
The author frequently uses symbolic punctuation in order to stress his opinion on what is "wrong" and what is "right". The dashes in lines 3 and 4, for example, emphasise the definition of an agro-political target, which Tudge considers beneficial. The punctuation marks stress the significance of his utopia that agriculture can one day "feed everybody well, provide employment and look after the environment" (ll. 2/3). In lines 24 and 25, Colin Tudge uses colons in order to point out how negative the results of cost minimization are and that they will be even more negative in the future. The parallel grammatical construction creates the impression that job losses will be as inevitable as mad cow disease: "This is dangerous: cheap cattle-feed [...] is what caused BSE. Worse: cutting costs means cutting labour" (ll. 24–26). Against the backdrop of the fatal effects of BSE, this argument implies that job losses will result in an even higher death toll. In the last but one paragraph, Tudge uses dashes in combination with the word "but" in order to create a contrast. Before the punctuation marks and the connectives, the advantages of industrialised farming are put forward; after them the author stresses that the disadvantages actually outweigh the positive aspects.
Colin Tudge's discussion is based on a biased selection of facts and figures. By giving statistical information and referring to trustworthy sources such as the UN, he makes his arguments more credible (l. 19). His repeated references to figures such as in lines 12/13, 17/18, 26–28, are an indication that there are a large variety of facts that can be put forward in order to support his point of view. Most of the facts and figures presented focus on the contrast between developed and developing countries. One sees the great difference in the percentage of people employed in the first sector in industrialized countries, namely "a little over 1 %" (l. 28), and non-industrialized countries, in which "60 % of the people work on the land" (ll. 31/32). The significance of farming for developing countries such as India is further underlined by the absolute figures of workers. "Barely 100,000"

(l. 36) work in the – allegedly successful – Indian IT business, whereas "600 million" (l. 32) are employed in farming. These figures correspond to Clark's sector model, which describes the development of a country from an agricultural society to an industrial or post-industrial economy. India is clearly stuck in the first stage as a large majority of the Indian population is employed in farming, with only a small part of the population working in the third or fourth economic sector. In contrast to developing countries, the workforce of developed countries is mainly employed in the service or new technologies sector. One could also take into account Rostow's sector model of development, which depicts that in early stages of development farming plays a major role for the individual country as it usually feeds and employs more than 2/3 of the population.
Colin Tudge also shows his personal opinion by evaluating adjectives and commenting text type elements. Adjectives that refer to the negative consequences of considering farming a mere business such as "regrettable" (l. 5) "dangerous" (l. 24) and finally "disastrous" (l. 30) give rise to increasingly negative feelings. The corresponding claim that "a radical rethink is needed in all agriculture" (l. 40) seems to be the only logical consequence. *(855 words)*

3. *Grundkompetenz: evaluation*
An dieser Stelle wird von Ihnen erwartet, dass Sie verschiedene Aspekte erläutern, die die weitere Entwicklung bestimmen könnten. Sie könnten zum Beispiel so argumentieren, dass der Verlust des alten agrarwirtschaftlichen Wertesystems und die soziale bzw. räumliche Ungleichverteilung von Armut und Reichtum zu einer zunehmenden Ökonomisierung führen werden.
– *loss of old land use system leads to loss of agrarian ethic*
– *regional and social disparities may increase the problem*

Farming has always been of great importance for human societies. Since the days of the caveman it has been crucial for all cultures. It was often connected to a special lifestyle: most agricultural systems enabled man to live in unity with their family and nature.
Since the end of the Second World War, however, this has changed. Whereas in 1945 thousands were starving as food production lay down completely, in the 1950s, food production increased by leaps and bounds. On the one hand, mechanization and fertilization led to a comfortable surplus that could be stored – just in case the Cold War turned into a Hot War again. On the other hand, technical and chemical developments led to a loss of our traditional attitude towards farming. The natural union of man and nature was largely destroyed and increasingly replaced by a scientific approach to the land – today genetically modified plants promise far higher yields than ecological systems such as crop rotation. To my mind, many people who plant GM crops do not care about the damage they may be causing by (mis-)using their land. Long-term side effects of new technology are neglected. To put it in a nutshell: for most farmers it is just the short-term profit which is important.

Provided that capitalist societies dominate the world of the future, we may suspect that the trend towards a capitalist attitude towards agriculture will continue. This would mean that farming will destroy more and more land forever and that it will widen the gap between the first and the third world instead of feeding the growing population in the poor countries.

There are two ways of changing this for the better. First, a critical attitude of consumers could lead to a renaissance of nature orientated land use systems. If genetic modification, chemical measures, and exploitation of the workforce keep the customers from buying foodstuffs, the production of other goods will seem to pay more. Additionally, a worldwide organisation of food distribution could be a remedy. If agricultural companies are kept from destroying surpluses and instead paid a low price for exporting part of it to specific developing countries, a sufficient food supply for everybody could be guaranteed. *(369 words)*

Abiturprüfung NRW – Englisch Leistungskurs: Aufgabe 10
Utopia and dystopia – exploring alternative worlds

Aufgabentyp: *Literarischer Text, A 1 (Textaufgabe mit analytisch-interpretierendem Schwerpunkt)*
Unterrichtsinhalte: *Science fiction, science and ethics; narrative texts; comment*

Frankenstein by Mary Shelley

The being finished speaking, and fixed his looks upon me in expectation of a reply. But I was bewildered, perplexed, and unable to arrange my ideas sufficiently to understand the full extent of his proposition. He continued.

"You must create a female for me, with whom I can live in the interchange of those sympathies necessary for my being. This you alone can do; and I demand it of you as a right which you must not refuse to concede."

The latter part of his tale had kindled anew in me the anger that had died away while he narrated his peaceful life among the cottagers, and, as he said this, I could no longer suppress the rage that burned within me.

"I do refuse it," I replied; "and no torture shall ever extort a consent from me. You may render me the most miserable of men, but you shall never make me base in my own eyes. Shall I create another like yourself, whose joint wickedness might desolate the world! Begone! I have answered you; you may torture me, but I will never consent."

"You are in the wrong," replied the fiend; "and, instead of threatening, I am content to reason with you. I am malicious because I am miserable. Am I not shunned and hated by all mankind? You, my creator, would tear me to pieces, and triumph; remember that, and tell me why I should pity man more than he pities me? You would not call it murder if you could precipitate me into one of those ice-rifts, and destroy my frame, the work of your own hands. Shall I respect man when he condemns me? Let him live with me in the interchange of kindness; and, instead of injury, I would bestow every benefit upon him with tears of gratitude at his acceptance. But that cannot be; the human senses are insurmountable barriers to our union. Yet mine shall not be the submission of abject slavery. I will revenge my injuries: if I cannot inspire love, I will cause fear; and chiefly towards you my arch-enemy, because my creator, do I swear inextinguishable hatred. Have a care: I will work at your destruction, nor finish until I desolate your heart, so that you shall curse the hour of your birth."

A fiendish rage animated him as he said this; his face was wrinkled into contortions too horrible for human eyes to behold; but presently he calmed himself and proceeded.

"I intended to reason. This passion is detrimental to me; for you do not reflect that you are the cause of its excess. If any being felt emotions of benevolence towards me, I should return them an hundred and an hundred fold; for that one creature's sake, I would make peace with the whole kind! But I now indulge in dreams of bliss that cannot be realised. What I ask of you is reasonable and moderate; I demand a creature of another sex, but as hideous as myself; the gratification is small, but it is all that I can receive, and it shall content me. It is true, we shall be monsters, cut off from all the world; but on that account we shall be more attached to one another. Our lives will not be happy, but they will be harmless, and free from the misery I now feel. Oh! my creator, make me happy; let me feel gratitude towards you for one benefit! Let me see that I excite the sympathy of some existing thing; do not deny me my request!"

I was moved. I shuddered when I thought of the possible consequences of my consent; but I felt that there was some justice in his argument. [...] the feelings he now expressed, proved him to be a creature of fine sensations; and did I not, as his maker, owe him all the portion of happiness that it was in my power to bestow? He saw my change of feeling, and continued –

"If you consent, neither you nor any other human being shall ever see us again: I will go to the vast wilds of South America. My food is not that of man; I do not destroy the lamb and the kid to glut my appetite; acorns and berries afford me sufficient nourishment. My companion will be of the same nature as myself, and will be content with the same fare. We shall make our bed of dried leaves; the sun will shine on us as on man, and will ripen our food. The picture I present to you is peaceful and human, and you must feel that you could deny it only in the wantonness of power and cruelty. Pitiless as you have been towards me, I now see compassion in your eyes; let me seize the favourable moment, and persuade you to promise what I so ardently desire."

"You propose," replied I, "to fly from the habitations of man, to dwell in those wilds where the beasts of the field will be your only companions. How can you, who long for the love and sympathy of man, persevere in this exile? You will return, and again seek their kindness, and you will meet with their detestation; your evil passions will be renewed, and you will then have a companion to aid you in the task of destruction. This may not be: cease to argue the point, for I cannot consent."

(907 words)

Mary Shelley: Frankenstein

Explanation of context: Frankenstein is a talented scientist who has created an artificial being from dead bodies. After he has sparked life to it, he detests the creature, which flees. The being is constantly rejected by man because it appears to be a monster. The creature longs for a female counterpart and confronts its maker with this thought. In this part of the novel, the first person narrator Frankenstein describes how he finally rejects the wish.

Aufgabenstellung

1. Against the backdrop of the given text, state the pros and cons of fulfilling the "being's" wish to have a female counterpart.
2. How are scientific thought and personal feelings combined in the excerpt? Analyse the narrative technique and the use of stylistic means.
3. "*Frankenstein* is too philosophical for a modern Gothic novel". Comment based on the excerpt.

Lösungsvorschläge

1. *Grundkompetenzen: comprehension/orientation/context*
   Stellen Sie dar, dass das Geschöpf sich inständig eine weibliche Gefährtin wünscht und dass ihm dieser Wunsch versagt bleibt. Das Wesen führt folgende Argumente für die Schaffung eines weiblichen Gegenstücks an:
   – *he is not accepted by mankind and he will take revenge*
   – *a female companion would free him from his misery and malice*
   – *they could live in the wilderness far away from all habitations*
   Frankenstein erkennt die Empfindsamkeit seiner Kreatur und zögert daher kurz. Schließlich überwiegen aber die Gegenargumente:
   – *they would not stay in the wilderness because they need love and sympathy*
   – *man would reject them and thus kindle their thirst for revenge*
   – *the being's wickedness would lead to destruction*

   In the excerpt of Mary Shelley's *Frankenstein*, the creature puts forward several arguments for the creation of a female being, whereas the creator expresses fear and doubt concerning the rightfulness of fulfilling the wish.
   The being argues that his own love for destruction is instilled by man's refusal to accept him as a companion. By contrast, having a "creature of another sex" (l. 37) would allow him to develop feelings of happiness, gratitude and love. The new being would become a friend he could relate and become attached to. He reasons that this female counterpart would make him "free from […] misery" (l. 40) and turn his hate into love – not only for this particular being but for the sake of mankind. He pleads his cause and argues that the two would live together in the wilderness far from any human being and never be a threat to anyone. The being claims that if he was given a partner, his desire for revenge would die and leave him living peacefully in the forest.
   Although Frankenstein appreciates that the being is "a creature of fine sensations" (l. 46) and understands that it deserves happiness, he is not convinced by its arguments. The idea of creating a second being that could help to destroy the world fills him with dread. He does not believe that the two beings would stay in the wilderness and he fears that their wickedness and hatred could be renewed if

they once again experienced humans who rejected them. Therefore, giving the being the chance to procreate may eventually lead to the destruction of the entire human species. *(271 words)*

2. *Grundkompetenz: analysis*
Während der Figur des Frankenstein eine wissenschaftliche Denkweise zu Eigen ist, agiert das Geschöpf vor allem aufgrund persönlicher Emotionen. Wohl wissend, dass Frankenstein nur durch rationale Aspekte überzeugt werden kann, ist das Wesen aber auch bemüht, eine logische Argumentation aufzubauen. Dabei brechen allerdings immer wieder intensive Gefühle durch, was durch mehrere Stilmittel betont wird.
– *technical style shows scientific rationality*
– *contrast and exaggeration underline the possible change in character*
– *rhetorical questions and evaluating adjectives emphasize the terrible situation*
– *imperatives stress the urgency of the request*
– *anaphora and exclamation show passion*
Obwohl der emotionale Aspekt Frankenstein rührt, überwiegt die nüchterne Abwägung der Vor- und Nachteile. Er lehnt schließlich die Schaffung eines weiblichen Gegenstücks ab.

In the given excerpt, Frankenstein's scientific rationality is mirrored by the use of technical terms and a clear argumentative structure. At first sight, the being's argumentation is just as precise, but occasional outbursts of feeling show its uncontrollable emotional involvement.
Even though the creation has many human characteristics, Frankenstein labels him with a neutral technical term. The "being" (l. 1) is something that cannot be classified as man or beast – indeed it has qualities of both. The being refers to Frankenstein as his "creator" (ll. 17, 26, 41). The address insinuates that scientific progress – innovation and construction – has a religious component. Like God, the scientist Frankenstein has created life, and he consistently refers to himself as the "maker" (l. 47).
Frankenstein's attitude is determined by his scientific way of looking at the matter under discussion. While thoroughly considering the pros and cons, his thoughts resemble a cost-benefit analysis. Before he starts, Frankenstein declares his willingness to decide from a neutral point of view: when first confronted with the being's proposal, the narrator reveals his need "to arrange (his) ideas sufficiently to understand the full extent of (the being's) proposition" (ll. 2/3).
Feelings and emotions only play a minor role for the protagonist. For the sake of his scientific evaluation he refuses to listen to his heart. Though he is moved by the being's words he is afraid of helping him: "(he shudders) when (he thinks) of the possible consequences" (l. 44). The physical reaction makes it entirely clear that the potential dangers of another creation would outweigh the positive effects. This impression is enhanced when Frankenstein admits that the creature has got a fair claim to demand a companion (l. 45) but still comes to the conclusion that he

"cannot consent" (l. 64). The auxiliary stresses that Frankenstein considers himself inferior to rationality – science, again, has the status of a higher power.

What makes Frankenstein see the justice of the being's proposition is the way the being constructs his argument. He follows scientific thought patterns and repeats twice that he wants "to reason" (ll. 16, 32) with his maker. His arguments form a logical sequence: first, the being points out the difficulties of his present situation and explains the reasons for his hatred. Then he goes on by portraying the change in character a female companion could bring about. Finally, he argues that he and his partner would live in a remote place in the wilderness so that they would not pose any threat to man.

However, the "being" frequently abandons his intention to reason soberly. This is due to the rage and the passion that carry him away (ll. 29–31). His argumentation is often very emotional, which can be seen by the deployment of rhetorical questions (ll. 16/17, 20/21) and evaluating adjectives ("inextinguishable", l. 34; "insurmountable", l. 23). In order to stress the positive effects of another creation, the being uses exaggeration: "(if) any being felt emotions of benevolence towards me I should return them an hundred and an hundred fold, for that one creature's sake I would make peace with the whole kind" (ll. 33–35). The contrasts between "one" and the "whole kind" and between "any" and "an hundred" seem to quantify the potential benefits for mankind.

To lend further weight to his request and to stress its urgency, the creature makes use of imperatives and anaphora. He exclaims: "Oh! my creator, make me happy; let me feel gratitude towards you for one benefit! Let me see that I excite the sympathy of some existing thing; do not deny me my request!" (ll. 41–43). Additionally, the use of exclamation and corresponding punctuation marks underline the frenzy of the being. His feelings and the ardent wish for a partner overwhelm him.

The appeal and the measures the being employs are partially successful, as Frankenstein starts to change his mind. His feelings tell him that there is righteousness in the being's argument. However, Frankenstein is not swayed completely and in the end he refuses to follow the creature's plea. Though the key question is a very personal one, which is stressed by the being's inability to stay calm and to reason rationally, the decision is taken on rational grounds. Frankenstein's scientific thoughts outweigh the personal ones. *(697 words)*

3. *Grundkompetenzen: comment/evaluation*
Der Roman wirft einerseits philosophische Fragen auf und andererseits enthält er unterschiedliche Elemente des Schauerromans (gothic novel). In dem vorliegenden Auszug werden z. B. folgende Aspekte angesprochen:
– What does a human being need in order to lead a happy life?
– What leads to hatred?
Schauereffekte werden im Ausgangstext z. B. von der Erscheinung des Geschöpfs ausgelöst – das Wesen selbst ist mysteriös, seine Absichten und die davon ausgehende Bedrohung sind undurchschaubar.
Auf der Basis dieser Erkenntnisse sollten Sie Ihre persönliche Meinung darüber formulieren, ob auch in einer modernen Gruselgeschichte Raum für philosophische Überlegungen bleibt oder ob der Schwerpunkt stärker auf den Horroreffekten liegt.

Grossly simplified, philosophy deals with the meaning of human life in relation to all the entities that surround us. Philosophers therefore strive to explain the perception, the thoughts and the behaviour of people; their internal logic, their needs and desires, their relationship to others and their relationship to nature and the universe. Mary Shelley's *Frankenstein* contains many questions that further such philosophical thought: what does a human being need in order to lead a happy life? What feelings do humans need to experience in order to be content? What actions lead to hatred? What happens if one does not have somebody to share one's life with? These questions are partially answered by the fact that the being suffers from his miserable life. He wants to be appreciated, liked, and even loved. He cannot bear to face nothing but hatred and contempt and needs a companion who inspires love. He has the deep desire to have somebody to hold on to.
But do these questions and answers make Frankenstein an entirely philosophical novel? I do not believe so, because there are various gothic elements that dominate the plot. The story appeals to the reader's feelings, it conveys excessive emotion and creates fear – there is a dense atmosphere of mystery and suspense. The reader does not exactly know how the being was created and what consequences the creation will ultimately have. The outward appearance of the being makes us shudder – the creature's face is "too horrible for human eyes to behold" (l. 30).
Even today, most gothic novels are based on the fear of the unknown and the fear of the abnormal. Even though modern film technology gives directors the chance to create anxiety by visual effects, it is still the underlying moral conflict that involves the viewer. If there is no personal involvement, there is no deeper fear. If the internal logic of fear stays untouched and if the basic meaning of life stays unquestioned, the viewer cannot be deprived of a feeling of safety. This, however, is what a modern gothic novel must aim at. *(345 words)*

Abiturprüfung NRW – Englisch Leistungskurs 2007
Aufgabe 1

Aufgabentyp: *Literarischer Text (Textaufgabe mit analytisch-interpretierendem Schwerpunkt alternativ mit anwendungs- und produktionsorientierter Aufgabenstellung)*
Unterrichtsinhalte: *Post-colonialism and migration, cultural diversity, social issues, transculturalism; novel; letter*

Extract from T. Coraghessan Boyle's novel *The Tortilla Curtain* (1996)
They have been camping and hiding deep down in Topanga Canyon, Los Angeles – Cándido (33) and his young, pregnant wife América (17), illegal immigrants from Tepoztlán, a village in the Morelos district in the south of Mexico. Cándido managed to get some low-paid odd jobs at first until he was run over by a car and badly injured. With Cándido clearly unable to work, América has decided to look for a job herself. Cándido, worried about what might happen without him to protect her, tries to forbid her to go.

"Besides, there are no jobs for women there, only for men with strong backs. They want *braceros,* not maids."

"Listen," she said, and her voice was quiet and determined, "we have maybe a cup of rice left, half a twelve-ounce sack of dry beans, six corn tortillas – no eggs, no milk. We have no matches to start the fire. No vegetables, no fruit. Do you know what I would do for a mango now or even an orange?"

"All right," he snarled, "all right," and he pushed himself up from the blanket and stood shakily, all his weight on his good leg. The aspirin bottle was nearly empty, but he shook half a dozen tablets into his palm and ground them between his teeth. "I'll go myself. Nobody can tell me I can't feed my wife –"

She wasn't having it. She sprang to her feet and took hold of his forearm in a grip so fierce and unyielding it surprised him. "Maybe tomorrow," she said. "Maybe the next day. What happened to you would have killed an ordinary man. You rest. You'll feel better. Give it a day or two."

He was woozy on his feet. His head felt as if it were stuffed with *cotton.* The crow mocked him from an invisible perch. "And what do you plan for work?"

She grinned and made a muscle with her right arm, "I can do anything a man can do."

He tried for a stern and forbidding look, but *it tortured his face* and he had to let it go. She was tiny, like a child – she was a child. She couldn't have weighed more than a hundred and five pounds, and the baby hadn't begun to show yet, not at all. What could she hope to accomplish at a *labor exchange?*

"Pick lettuce," she said. "Or fruit maybe."

He had to laugh. He couldn't help himself. "Lettuce? Fruit? *This isn't Bakersfield,* this is L.A. There's no fruit here. No cotton, no nothing." His face tightened on him and he winced. "There's nothing here but houses, houses by the millions, roof after roof as far as you can see …"

She scratched at a mosquito bite on her arm, but her eyes were alive, shining with the image, and her lips compressed round a private smile. "I want one of those houses," she said. "A clean white one made of lumber that smells like the mountains, with a *gas range* and a refrigerator, and maybe a little *yard* so you can plant a garden and make a place for the chickens. That's what you promised me, didn't you?"

She wanted. Of course she wanted. Everybody who'd stayed behind to *dry up* and die in Tepoztlán wanted too – hell, all of Morelos, all of Mexico and the Indian countries to the south, they all wanted, and what else was new? A house, a yard, maybe a TV and a car too – nothing fancy, no palaces like the *gringos* built – just four walls and a roof. Was that so much to ask?

He watched her lips – pouting, greedy lips, lips he wanted to kiss and own. "Well?" she demanded, and she wasn't teasing now, wasn't bantering or joking. "Didn't you?"

He'd promised. Sure he had. He'd held up the lure of all those things, washing machines, vacuum cleaners, the glitter of the North like the second Eden; sure, a young girl like her and an old man like himself with gray in his mustache – what else was he going to tell her? That they would get robbed at the border and live under two boards at the dump till he could make enough on the streetcorner to get them across? That they'd hide out like rats in a hole and live on a blanket beside a stream that would run dry in a month? That he'd be hammered down on the road so he could barely stand or make water or even think straight? He didn't know what to say.

She let go of his arm and turned away from him. He watched the morning mist enclose her as she began to pick her way over the boulders that cluttered the ravine like broken teeth. When she got to the foot of the trail she swung round and stood there a moment, the mist boiling beneath her. "Maybe somebody will need a floor mopped or a stove cleaned," she said, the words drifting down to him over the hum of the invisible cars above.

It took him a long moment, and when he spoke it was as if the air had been knocked out of him. "Yeah," he said, sinking back down into the blanket. "Maybe."

 (874 words)

Annotations:

l. 2 *braceros:* men hired on a daily basis, usually for hard work

l. 15 *cotton: (here)* cotton wool *(Watte)*

l. 18 *it tortured his face:* in the accident Cándido's left cheek was smashed in, so every movement of his face causes extreme pain (cf. also ll. 25 f.: "His face tightened on him and he winced.")

l. 22 *labor exchange: (here)* a kind of unofficial job centre, an open space where job seekers (mostly Hispanics, mostly men) show up in the morning and wait for (white) employers to pull up and offer them a job for the day

l. 24 f. *This isn't Bakersfield …:* Cándido is familiar with the area and job opportunities because he spent seven seasons as a migrant farm worker in the US when he was younger

l. 31 *gas range:* gas stove for cooking

l. 31 *yard:* area behind a house and belonging to it

l. 33 *dry up: (here)* live miserably, live in poverty

l. 36 *gringos: (offensive)* word used in Latin America for white foreigners, esp. Americans

Aufgabenstellung

1. Summarize what we learn about Cándido and América, their dreams, their past experience and present situation. *(Comprehension)* 16 Punkte

2. Analyse the relationship between the two characters and the way it is presented to the reader through narrative perspective, as well as interaction and dialogue. *(Analysis)* 24 Punkte

3. Choose **one** of the following tasks:

3.1 Discuss América's dream (cf. ll. 29–31) and compare it to similar and different versions of the American Dream you have come across in literary and/or non-literary texts. *(Evaluation: comment)* 20 Punkte

3.2 Imagine what is going on in América's mind when she turns around at the foot of the trail and looks back towards Cándido (cf. ll. 49–51). Write down her thoughts using a first-person point of view. *(Evaluation: re-creation of text)* 20 Punkte

Lösungsvorschläge

1. *Grundkompetenzen: comprehension/orientation/context*
Die Träume der beiden Charaktere sind einerseits von ihrer gemeinsamen Herkunft und andererseits von den völlig unterschiedlichen Wesenszügen der Romangestalten gekennzeichnet. Arbeiten Sie zunächst heraus, dass Cándido und América von der Dürre aus dem Morelos District in Mexiko vertrieben wurden und dass Cándido hierbei Américas Zukunftstraum von einem kleinen Haus schamlos ausgenutzt hat. Er weiß genau, mit welchen Schwierigkeiten illegale Einwanderer zu kämpfen haben, aber er verspricht ihr trotzdem die Erfüllung ihrer Hoffnungen, um die junge, unerfahrene Frau als Partnerin zu gewinnen:
- *Cándido and América suffer from the drought in Mexico and long for a second Eden*
- *América dreams of a small house and Cándido makes a false promise to win her love*

Die Geschichte der Einwanderung verläuft entsprechend negativ. Schon an der Grenze werden Cándido und América ausgeraubt und müssen ein armseliges Dasein fristen, bis sie schließlich den Grenzübertritt schaffen. Da Cándido als Schwarzarbeiter in L.A. nur wenig verdient und sich auch noch schwer verletzt, scheint die Situation ausweglos:
- *they are robbed and forced to live on a dump*
- *Cándido earns little money and his injury shows how desperate their situation is*

The two main characters of T. C. Boyle's novel have distinctly different dreams, which they merge into the idea of leaving their home country and going to the USA together.
Cándido and América come from the impoverished town of Tepoztlan in Mexico and now live as illegal immigrants in the State of California. Life in the dried out Morelos district was hard for them and they feared that the drought there would finally kill them (ll. 33/34). They possessed nothing, had nothing to lose, and their longing for a "second Eden" (l. 42) in the North became stronger and stronger. For them, there was hardly any other future perspective.
América's wish for a small white house equipped with common household technology and a television set as well as a small garden made Cándido promise that they could actually make her dream come true by emigrating together (l. 41). Of course, he should have known better because he had spent six years as a migrant worker in the USA already – even though América's dream seems modest from an American perspective it is out of reach for Mexicans. The main reason why Cándido promised her the fulfilment of her dream was that he wanted her as his girlfriend and wife. To put it more graphically: he wanted to "kiss and own" the lips that greedily formulate(d) América's vision of a better life (l. 38).
Cándido's thoughts reveal that all their money was stolen on their way to L.A. and they had to live on a dump. After they had managed to get through the "Tortilla Curtain", they had to live in a hole and Cándido had to find odd jobs until he

was badly injured. Obviously he has not been too successful so far: a blanket is still the only shelter they have.
Even though Cándido knows that the stream that gives them water will dry out soon, there is still a faint hope that América will be able to earn some money – at least until Cándido has recovered from his road accident. *(341 words)*

2. *Grundkompetenzen: analysis*
Sie müssen hier vor allem zeigen, wie Boyle die Erzählperspektive sowie Dialog- und Handlungselemente nutzt, um die Unterschiede zwischen Cándido und América besonders herauszustellen. Die Beziehung leidet unter dem falschen Versprechen Cándidos, den Lebenstraum Américas zu erfüllen. Die Partnerschaft baut außerdem auf dem überkommenen traditionellen Rollenverständnis auf, dass der Mann mit seiner überlegenen Physis und seiner größeren Lebenserfahrung die Familie ernährt, während die Frau seine Führung anerkennt und den Haushalt versorgt. Spätestens aufgrund der schweren Verletzung Cándidos muss dieses Lebensmodell scheitern, und die Liebe beginnt zu zerbrechen.
Die Erzählperspektive gibt Einblick in die Gedanken des Protagonisten und zeigt sein schlechtes Gewissen und seine Schwierigkeiten, ein verändertes Rollenverhältnis zu akzeptieren:
– *the reported thoughts reveal that the relationship is based on a lie*
– *Cándido is weak and cannot counter América's determination*

Der Dialog wird im Verlauf des Exzerpts immer unvollständiger und reduziert sich letzlich auf das Wort „maybe". Das Scheitern der Kommunikation zwischen den Hauptfiguren spiegelt hierbei das Scheitern ihrer Partnerschaft in der bisherigen Form. Die Körpersprache verstärkt die Hoffnungslosigkeit des Protagonisten:
– *Cándido fails to communicate and he is lost in his pain*
– *"maybe" is all the two characters can agree on*
– *body language shows América's attempt to be strong as well as Cándido's despair*

The relationship between Cándido and América is characterized by their strong inequality, which has its roots in their gender-specific characteristics, their understanding of gender roles, and the significant differences in age and life experience. Boyle uses narrative technique, interaction and dialogue to show the rising tensions between the two characters.
Towards the middle of the excerpt the omniscient third person narrator offers more and more introspection into the male protagonist, which mirrors his increasing emotional involvement and growing despair. The revelations about Cándido's promise to fulfil América's personal dream and the recognition that his promise was false (ll. 41–44) add a particularly dramatic component to the partnership. By using reported thought Boyle proves that the 33-year-old and his 17-year-old girlfriend are only living together because of a lie.
When the third person narrator explains Cándido's thoughts about América's female physique, Boyle uses a comparison to stress the gender-related differ-

ences. The functioning of the relationship is based on the fact that the man earns the money because he is strong and tenacious whereas the woman is "tiny, like a child" (l. 20). In accordance with traditional role models she is the one who is in charge of the cooking and cleaning – consistently, she is the one who knows that their food supply is running low (ll. 3–6) now that Cándido is seriously injured.
In the excerpt Boyle does not clearly state if América is able to take the traditional role of the man in the relationship and earn a living for herself and Cándido. On the one hand the author depicts América as being "determined" by characterizing her voice as such (l. 3). On the other hand it takes a "strong (back)" to be successful at the labour exchange, as Cándido puts it.
The insecurity concerning América's new role in the relationship is underlined by means of stylistic devices and narrative technique. At first sight it seems to be a merely rhetorical question "what (América could) hope to accomplish at the labour exchange" (ll. 21/22) – the narrator seems to reveal Cándido's pessimistic thoughts and the answer to the question seems self-evident. In the following dialogue, however, América answers the question differently from what the reader expects by saying that she indeed hopes to find work picking "lettuce" or "fruit" (l. 23).
Following this Boyle uses the interaction between the two characters to stress the doubts about América's chances of success. Cándido laughs at her and his face turns into a grimace of pain and despair. His remorse about not telling América the truth about life as an illegal immigrant becomes tangible and his speechlessness shows that his false promise has contributed to the failure of their relationship.
Communication hurts and Cándido is not able to resist América's reinterpretation of gender roles within the partnership. When Cándido "sinks into the blanket" (l. 56), his body language shows his feelings of hopelessness but again he is not truthful because he does not want to shatter his wife's dreams. "Maybe" is the operative word in the last paragraph – not only because it is repeated twice, but also because it sums up Cándido and América's situation. It is very doubtful that they will be able to persevere and that their relationship will be able to continue. *(544 words)*

3.1 *Grundkompetenzen: comment/evaluation*
Bei dieser Aufgabe sollten Sie Américas Lebenstraum kritisch von beiden Seiten beleuchten und schließlich eine persönliche Meinung formulieren. Hierbei müssen Sie Bezug auf ihr (literarisches) Vorwissen nehmen.
Beispielsweise könnten Sie also folgende Aspekte aufgreifen:
- *América's dream seems modest but it is still far out of reach*
- *like Amanda in "The Glass Menagerie" she has to recognize that her husband will not fulfil her dreams*

- *her talking name insinuates that many immigrants share her hopes but fail, too*
- *Miller's "A View from the Bridge" shows the similar fate of illegal Italian*

immigrants

– *Willy Loman proves that the American dreams of middle-class people can be just as sad*

América's dream is characterized by rather basic expectations which still seem to be too high. Her Mexican descent has given her an outdated understanding of gender roles, and her immigrant status gives her a bad start in the American rat race for a "better, richer, and happier life".

She gets lost in trusting her husband, which clearly shows that women in a modern Western society must be capable of standing alone. Similar to Amanda Wingfield in Tennessee Williams' "The Glass Menagerie", América has to change her ways because her husband cannot fulfil her dream for her. Thus, the readers who identify with América realize that longing for the love and care of a man is romantic but not enough to be happy. América's strength and determination, however, still potentially make her a modern role model.

América's name insinuates that many immigrants share her life vision. For people from all over the world "America" is the land of milk and honey, even though reality may prove otherwise. This is true for the Italian immigrants in Miller's "A View From the Bridge", for example, who "eat the sunshine" back home in Sicily and have equally modest hopes. Like the Mexicans in Boyle's novel they just want to supply their families with decent accommodation and the traditional food that is running short in their home country – obviously every immigrant group has its own "tortilla".

For most American characters in recent literary works, being middle-class is a starting point rather than the target of their dreams. The happiness they pursue consists of becoming a millionaire rather than just surviving. Strangely enough this process can have the same tragic result as striving for very basic standards. Many Americans work hard and forget about making sure they are happy by clinging to a future dream. Failure is not fatal in that people actually starve to death, but they still may lose their lives, as Willy Loman's sad fate in "Death of a Salesman" shows. *(328 words)*

3.2 *Grundkompetenzen: creation of text*

Achten Sie bei Ihrer Erzählung auf die intensive Darstellung der Gedanken und Gefühle der Romanfigur. Hierbei gibt Ihnen der vorliegende Auszug aus dem Roman zwei wichtige Aspekte vor, die Sie unbedingt einbringen sollten: Zum einen müssen Sie Américas naive Liebe zu Cándido herausarbeiten, und zum anderen müssen Sie zeigen, dass die Protagonistin langsam beginnt, an ihrem Mann zu zweifeln.

Um Ihrem Text einen authentischen Charakter zu geben, empfehlen wir, ein paar spanische Versatzstücke zu verwenden und die Entschlossenheit von América zu betonen – am einfachsten, indem Sie die Körpersprache aus dem Romanauszug weiterverwenden:

– *naive love vs. increasing doubt*

– *determination vs. fear*

- *"Madre de dios", "buenas dias" etc.*
- *body language*

"Madre de dios. … Now that is the man I love", I thought when I turned around. He was so weak, so sad and so desperate. He had never looked like that before. As if he had given up all his hope, completely. He had always known what to do – back in Mexico and on the way to America. "Why did he not take care on the road? Like a little chico".

I walked on. "No it's my turn to get some food, buy some flour, some sugar and some oil for cooking – the cheap vegetable oil will do", I thought, "we don't need the good stuff now. But for my house I want the good oil. That's for sure".

I flexed a muscle under my shirt again. "I'm strong enough to earn a living. I can stand the pain. No matter how long it takes until Cándido can work again – I will support him if he cannot support me". I remembered that he had been the one who had promised me a good life … but I knew that he definitely could not work in that state.

Half an hour to the labor exchange – I wondered if Pedro was still there because he was the only person that Cándido had ever spoken about. "He knows a lot of people – has been here for quadro annos", he had told me. "Knows a lot of jobs around". When I remembered Cándido's words I wondered if I could actually do the jobs which Pedro knew about. But maybe I wouldn't need Pedro at all. Maybe somebody would simply stop his car and ask me to work for him instead.

Another twenty minutes' walk to the labor exchange – maybe I should have brought a knife, I thought, just in case. I wasn't sure why Pedro was still trying to find work on the street. "Why hasn't he earned enough money to go somewhere else?" I thought, and I swore that I would have my house within the next four years. "That's a very long time", I thought: "Cándido will be almost forty then – I will be just 21. Oh, Cándido, didn't you promise me a house as soon as we got to America?"

I started walking more quickly. "I will show you what it takes to get a clean white house in the suburbs", I thought: "See you there, Cándido, see you very soon".

(401 words)

Abiturprüfung NRW – Englisch Leistungskurs 2007
Aufgabe 2

Aufgabentyp: *Sach- und Gebrauchstext (Textaufgabe mit analytisch-interpretierendem Schwerpunkt alternativ mit anwendungs- und produktionsorientierter Aufgabenstellung)*
Unterrichtsinhalte: *science and ethics, modern technology; newspaper article; comment, speech*

The New 'Sputnik' Challenges: They All Run on Oil

DETROIT – I came to Detroit looking for the hottest new American cars. Instead, I found Sputnik.

You remember Sputnik – the little satellite the Soviets launched in 1957. The Eisenhower administration was so stunned it put the U.S. into a crash program to train more scientists and engineers so America could catch up with the Russians in the space race.

Well, for anyone paying attention, our generation's Sputnik showed up at the annual Detroit auto show this month. It's not a satellite. It's a car. It's called the Geely 7151 CK sedan. It seats a family of five, gets good mileage and will cost around $ 10,000 when it goes on sale in 2008. It's made in China.

That doesn't get your attention? Well, there's another Sputnik that just went up: Iran. It's going to make a nuclear bomb, no matter what the U.N. or U.S. says, because at $ 60-a-barrel oil, Tehran's mullahs are rich enough to buy off or tell off the rest of the world. That doesn't worry you? Well, there's a quieter Sputnik orbiting Earth. It's called climate change – a k a Katrina and melting glaciers.

What am I saying here? I am saying that our era doesn't have a single Sputnik to grab our attention and crystallize the threat to our security and way of life in one little steel ball – […]. But that doesn't mean such threats don't exist. They do, and they have a single common denominator: the way we use and consume energy today, particularly oil.

Friends, we are in the midst of an energy crisis – but this is not your grandfather's energy crisis. No, this is something so much bigger, for four reasons.

First, we are in a war against a radical, violent stream of Islam that is fueled and funded by our own energy purchases. We are financing both sides in the war on terrorism: the U.S. Army with our tax dollars, and Islamist charities, madrasas and terrorist organizations through our oil purchases.

Second, the world has gotten flat, and three billion new players from India, China and the former Soviet Union just walked onto the field with their version of the American dream: a house, a car, a toaster and a refrigerator. If we don't quickly move to renewable alternatives to fossil fuels, we will warm up, smoke up and choke up this planet far faster than at any time in the history of the world. Katrina will look like a day at the beach.

Third, because of the above, green energy-saving technologies and designs – for cars, planes, homes, appliances or office buildings – will be one of the biggest industries of the 21st century. Tell your kids. China is already rushing down this path because it can't breathe and can't grow if it doesn't reduce its energy consumption. Will we dominate the green industry, or will we all be driving cars from China, Japan and Europe?

Finally, if we continue to depend on oil, we are going to undermine the whole democratic trend that was unleashed by the fall of the Berlin Wall. Because oil will remain at $ 60 a barrel and will fuel the worst regimes in the world – like Iran – to do the worst things for the world. Indeed, this $ 60-a-barrel boom in the hands of criminal regimes, and just plain criminals, will, if sustained, pose a bigger threat to democracies than communism or Islamism. It will be a black tide that turns back the democratic wave everywhere, including in Iraq.

The one thing we can do now to cope with all four of these trends is to create a tax that fixes the pump price at $ 3.50 to $ 4 a gallon – no matter where the OPEC price goes. Because if consumers know that the price of oil is never coming down, they will change their behavior. And when consumers change their behavior in a big way, G.M., Ford and DaimlerChrysler will change their cars in a big way, and it is cars and trucks that consume a vast majority of the world's oil.

The more Detroit goes green, the faster it will be propelled down the innovation curve, making it more likely that Detroit – and not Toyota or Honda or the Chinese – will dominate the green technologies of the 21st century. A permanent gasoline tax will also make solar, wind and biofuels so competitive with oil that it will drive their innovations as well.

George Bush may think he is preserving the American way of life by rejecting a gasoline tax. But if he does not act now – starting with his State of the Union speech – he will be seen as the man who presided over the decline of our way of life. He will be the American president who ignored the Sputniks of our day. *(797 words)*

Thomas L. Friedman, "The New 'Sputnik' Challenges: They All Run on Oil", The New York Times, January 20, 2006 http:/select.nytimes.com/2006/01/02/opinion/20friedman.html?hp

Annotations:

l. 15 a k a: *abbreviation for:* also known as

l. 15 Katrina: name of the hurricane that destroyed New Orleans in 2005

l. 25 madrasas: Islamic schools or seminaries in India and Pakistan that the US considers to be involved in planning and organizing terrorist attacks

l. 47 $ 3.50 to $ 4 a gallon: ca. double the present American gasoline price and close to the European price level

l. 47 OPEC: Organization of Oil Exporting Countries, an organization of countries that produce and sell oil

l. 50 G.M.: General Motors, an American car-producing company

Aufgabenstellung

1. Point out what Friedman says about the present challenges America has to face and what he considers the only possible way to meet them. *(Comprehension)* 16 Punkte

2. Examine how Friedman tries to convince his readers that action must be taken urgently to prevent "the decline of our way of life" (l. 59). Refer to the use of language and the argumentative techniques he employs. *(Analysis)* 24 Punkte

3. Choose **one** of the following tasks:

3.1 The author refers to the adaptation of the American Dream by the new global players India, China and the former Soviet Union (cf. ll. 27–29). Discuss whether their version of the American Dream can serve as a model for the world in the 21st century, illustrating your view with examples of countries you have studied. *(Evaluation: comment)* 20 Punkte

3.2 You are a guest student at an American college where Friedman's suggestion to introduce a gasoline tax is hotly debated among many of the students. One of your teachers makes you prepare a speech for or against this suggestion. Write a short speech to be held in class in which you refer to Friedman's article and argue from the perspective of a young European. *(Evaluation: re-creation of text)* 20 Punkte

---

Lösungsvorschläge

1. *Grundkompetenz: comprehension*
Stellen Sie heraus, dass Friedman drei wichtige Herausforderungen nennt, die er unter dem Begriff der "New Sputnik Challenges" zusammenfasst. Die Herausforderungen stammen aus den Bereichen Wirtschaft, Politik und Ökologie:
- *today's challenges resemble the launch of the Sputnik in the 1950s*
- *the production of consumer goods in Asia puts American workplaces in jeopardy*
- *the Americans finance Islamist threats by using too much oil*
- *high energy consumption leads to climatic change and catastrophes*

Als Lösung nennt Friedman die Einführung einer Kraftfahrzeugsteuer, die zu einer Entwicklung umweltfreundlicher Technologien und zu einem niedrigeren Energieverbrauch führen würde und damit allen Herausforderungen gleichzeitig begegnet:
- *gasoline tax is needed to reduce consumption*
- *lower consumption would solve all the problems caused by the "New Sputnik Challenges"*

Friedman names and explains three major challenges the US has to face now and in the immediate future. The threats he describes are from the fields of economics, politics, and ecology.

The production of modern cars like the Geely 7151 CK in NICs (Newly Industrialized Countries) such as the People's Republic of China is perceived as a dangerous development because it means that workplaces in the US and other traditional industrialized countries could soon be lost. With a "good mileage" (l. 9) and a low price, the vehicle may outcompete other cars in future markets and even in America's heartland. The presentation of the car at the Detroit Auto Show certainly proves that it is time to react. In this respect, the launch of the Geely resembles the launch of the Sputnik in 1957.

On a political level the situation is similar because the nuclear challenge of rogue states like Iran has to be countered. To Friedman this seems even more difficult because Iran and most other countries in the Middle East possess a lot of oil and therefore the American people subsidize Islamist governments with every barrel they consume without realizing.

Ecological catastrophes like Hurricane Katrina are a sign of severe climatic change, which Friedman considers another important challenge for the US. Again, the threat "(runs) on oil" as Friedman puts it because fuel combustion is largely responsible for the emissions that lead to global warming.

The only remedy, the cure-all (or rather: the "cure-oil"), is to impose high taxes on any type of oil-based product. To Friedman this is the only way of changing people's attitudes towards wasting energy. If they do not buy cars by G.M., Ford and DaimlerChrysler, the car companies will be forced to develop engines which do not consume "a vast majority of the world's oil" (l. 51) and the "New Sputnik Challenges" will be met. *(312 words)*

2. *Grundkompetenz: analysis*

Friedmanns Überzeugungkraft beruht auf seiner Fähigkeit, die Problematik mittels einer prägnanten Symbolik und einer einfachen Argumentationsstruktur darzustellen.

- *the heading arouses interest and the symbol of the Sputnik shows Friedman's expertise*
- *the first line proves Friedman's personal involvement in the issue*
- *the argument is simple and the structure is made very obvious*

Darüber hinaus spricht Friedman seine Leser direkt und sehr informell an, so dass sich ein starker Aufforderungscharakter des Artikels ergibt – durch die Verwendung des Pronomens „we" betont Friedman, dass den von ihm beschriebenen Herausforderungen nur gemeinsam begegnet werden kann. Stilmittel wie Alliterationen und Gegensatzpaare machen die Argumentation noch schlüssiger, da sie logische Verknüpfungen sprachlich sichtbar machen und den Aufforderungscharakter verstärken:

- *Friedman combines direct address to the reader with his personal ideas and thus he forms a kind of dialogue*
- *the informal tone and the pronoun "we" create the impression that author*

and reader share the same problems

- *the appealing character and the inner logic is enhanced by rhetorical questions, alliterations and contrast*

The persuasive power of Friedman's text is owing to a catchy title, a clear and coherent argumentative structure, and the deployment of stylistic devices like direct address, informal tone, strong appeals, rich symbolism and rhetorical questions.

The heading refers to an (almost forgotten) historical incident from the 1950s which showed that the space programme of the USSR was more successful than the American one at the time. Thus, the "Sputnik" can be understood as a symbol of an important challenge to America's status and its predominance. The significance of the term "Sputnik", which is explained in the third sentence of the news story, catches the reader's attention because Friedman presents it as a current issue by adding the adjective "new". As Friedman seems to be able to easily recall the old "Sputnik challenge", the reader trusts in his explanation of the "New 'Sputnik' Challenges", which he goes on to highlight. The first two sentences also show expertise and involvement because they use Friedman's personal experience as an additional teaser.

The article can be divided into four distinct parts: examples of the new Sputnik challenges which the USA faces (ll. 3–20), reasons for the severity of the threats (ll. 21–45), possible countermeasures (ll. 46–60) and an indirect political appeal to George Bush (and his voters). The impression that Friedman sets great store by an understandable argumentative structure is furthered by the fact that the second part is additionally subdivided by connectives ("First" l. 23; "Second" l. 27; "Third" l. 33; and "Finally" l. 39).

Friedman almost artistically combines direct addresses to the reader and personal observations to form a kind of dialogue. He asks the readers to "remember (the) Sputnik" of yesterday (l. 2), consistently tells them to "worry (about) Tehran's mullahs" (l. 13) of today and then presents his conclusion: "I am saying that our era doesn't have a single Sputnik […] and they (all) have a single common denominator: the way we use and consume energy today, particularly oil (ll. 16–20). Friedman begins his argument in a personal way by using the word "I" – in the second part the rather informal usage of the personal pronoun "we" creates a feeling of togetherness. Indeed, Friedman and his readers seem to be challenged by the same things and share the same responsibility concerning the consumption of oil.

The strong appealing character of the article is enhanced by rhetorical questions (ll. 37/38) and the repeated usage of the word "if" (l. 29; l. 30). Not only do these devices contribute to a stringent structure but they also insinuate that there is still a chance of maintaining America's "way of life" (l. 57) but only IF the reader and Friedman ("we"; ibid.) swiftly adapt to the current situation.

The alliterative pun that a radical stream of Islam gets "fueled and funded" by oil (ll. 23/24, also see l. 41) underlines that Friedman's fears are justified. Oil is more than just a raw material – it turns the scales of the world's economy and

forms the basis for another new Sputnik. In Friedman's argumentation "fuels" and "funds" are indeed as closely linked as the alliteration suggests.
Friedman also uses the contrast between "little" (l. 3) and "big" (l. 49) to show that it is time to react without further hesitation – just as the "little steel ball" of good old Sputnik (ll. 17/18) called for a quick reaction by the US government (the "Eisenhower administration", l. 4), the new Sputniks require a "big" change in behaviour (l. 50). This time a determined reaction by the American people is needed: the consumers have to exert their power over companies like "G. M., Ford and DaimlerChrysler" (l. 50) – and they have to do it right now if they want to avoid the "decline of (the American) way of life" (l. 57). *(637 words)*

3.1 *Grundkompetenz: evaluation*
Bei dieser Aufgabe müssen Sie zum einen belegen, dass Sie mit dem American Dream als solchem vertraut sind und dass Sie verschiedene Interpretationsmöglichkeiten gegenüberstellen können. Beachten Sie dabei insbesondere den sehr konkreten Textbezug in der Aufgabenstellung, der auf eine rein materielle Interpretation des American Dreams verweist. Im Hinblick hierauf könnten Sie argumentieren, dass eine vollständige Übernahme des Wertesystems durch China, die frühere Sowjetunion und Indien durchaus problematisch ist. Beim heutigen Stand der Technik fehlt es der Welt schließlich an Rohstoffvorräten, um jeden mit einem eigenen Haus, einem Auto, einem Toaster und einem Kühlschrank auszustatten. Ihr Text könnte also folgende Aspekte enthalten:
- *various interpretations of the American Dream are possible*
- *for example, the Chinese way of development could be seen as a model but it has its difficulties because it requires huge resources*
- *investment in education could lead to a transcultural development of new American Dreams*
- *if transcultural approaches prevail, new ideas can be developed*

For countries like China, the former Soviet Republic and India, the "American Dream" is rather a new phenomenon. Of course, it will take a long time for them to reach the status of the USA (if they get there at all) but until then the longing for a "better, richer and happier life" will remain a strong incentive. If the above countries increase their standard of living, other countries will certainly attempt to follow their model – no matter whether the "Pursuit of Happiness" actually makes Chinese, Russian and Indian people happy.
Other (developing) countries may especially try to get off the ground by following the example of China. This means exploiting natural and human resources in order to produce consumer goods which can be bought by the workers who process them. This comes full circle: increasing profits lead to increasing investment; increasing investment leads to lower prices; lower prices lead to higher demand, and higher demand again leads to more profit. Once started, this process will not stop before people settle to a convenient life and wages have reached international standards.

There is just one problem: if the target of the "Chinese", "Soviet" and "Indian dream" really stops at buying a toaster or a fridge for everybody, the resources which are needed for the economic upswing in those countries could soon be used up. Their populations are simply too large. With more than a billion inhabitants, China, for instance, is running short of some raw materials already and owing to this they have started ventures in Africa that remind many analysts of the colonial trade between the former European mother countries and their colonies. If this development continues, the question of whether China, Russia and India can serve as models will be irrelevant. There will be no resources left for anybody else to follow their example.

The way out of this could be an increasing investment in education. Only if enough money is spent on this can the three countries (and all that want to follow them) develop their very own national interpretations of the "American Dream". This not only includes the obvious realisation that it does not make sense to equip everyone in Peking or Calcutta with a car and that it makes even less sense to produce millions of fridges for Siberia. Education can serve to strengthen the cultural heritage and help to merge it with the "American Dream".

In this way, the Chinese and the Russians may possibly preserve some of the (admittedly rare) benefits of a socialist society, such as an increased solidarity between people, and they could further the invention of technical gadgets which the people really need and which comply with the resources available. Grossly simplified: Indian engineers could come up with a solar-driven device called a "naster" – a machine that resembles as toaster but can produce typical Indian nan bread on the spot.

In all three cases the country's dream can be much more and at the same time much less than "a house, a car, a toaster and a refrigerator" (l. 29) and the world could learn from the variety of new ideas and attitudes. A multitude of new American dreams could truly be a model for the other countries – and I would not mind using a "naster" for breakfast either. *(549 words)*

3.2 *Grundkompetenz: creation of text*
Beachten Sie zunächst die formalen Erfordernisse einer Rede, und versuchen Sie, klassische Stilelemente, wie z. B. Wiederholungen, Aufzählungen, Apelle einzubringen.
- *repetitions, enumerations, appeals*

Inhaltlich sollten Sie auf die Sonderstellung des Redners achten und überlegen, wie sich ein echter Gastschüler im Ausland verhalten würde. Vergleichen Sie die europäische Steuerpolitik und die amerikanische, bringen Sie Friedmans Position mit ein und ziehen Sie Ihre ganz persönlichen Schlüsse. Es sollten also folgende Aspekte in Ihrem Text enthalten sein:
- *references to the special status of the speaker*
- *comparison of European and American policies concerning energy consumption*
- *evaluation of Friedman's article and his argumentation*
- *personal conclusion*

Mr Turner, ladies and gentlemen, fellow students,

Some say: "Tax seems to limit our freedom and our chances of living a good life. Tax takes away our money. Tax just makes the state richer". But I say: "A gasoline tax makes the state stronger and we need a strong state to protect our freedom, our money and the American way of life."
Some say: "Europe is small and weak. Europe is not able to form a union and thus Europe will not be able to compete as a world power. But I say: "Europe's gasoline taxes will help them to save energy and in the long run their tax policy could give Europe enough money to outcompete the USA politically and economically.
Politically, lower fuel consumption helps the Europeans to de-finance the rich Islamist states and that is one of today's major challenges. Thomas L. Friedman is right when he explains in the New York Times that Tehran's mullahs earn every cent we spend. And we spend a lot on oil – paradoxically BECAUSE it is cheap.
Economically the need for modern, energy-saving technologies has already helped Europe to develop new key technologies that make us look like a developing country.
Look at Detroit's car industry, for example. Your grandpa drove a Chevy, your dad drove a Dodge, but he bought a Mitsubishi for you. Europeans still buy their own cars – Fiats, Volkswagens, Renaults and for each Mitsubishi that is sold in Europe they sell three of their cars on the world market. Sad to say, but even if all Americans start buying American cars again we will not be able to export any of them.
We all know American engineers and inventors have always been among the greatest on earth but there is hardly any major American innovation that helps to preserve the environment and save the world's resources. This is perfectly understandable: nobody has ever asked for any energy-saving technologies in the US because energy has always been a cheap resource.
We simply need to pay more for gasoline if we want to be stronger and we need to be stronger politically as well as economically. If John F. Kennedy asked you what we can do for our state today, the only possible answer would be: We are prepared to pay taxes on gasoline and the sooner we start, the sooner we will succeed.
Some may say it's strange for a European to say the following, but there is nothing I could say more wholeheartedly –

God bless America. *(419 words)*

Abiturprüfung NRW – Englisch Leistungskurs 2008
Aufgabe 1

Aufgabentyp: *Literarischer Text (Textaufgabe mit analytisch-interpretierendem Schwerpunkt; alternativ mit anwendungs-/produktionsorientiertem Schwerpunkt)*
Unterrichtsinhalte: *Post-colonialism and migration, the post-colonial experience in India, the role of the New English Literatures: Indian and Pakistani communities in Britain*

Extract from Manil Suri's novel *The Death of Vishnu* (2001)

Vinod Taneja, a widower, lives in an apartment block in Mumbai, India. The following extract describes how he and his wife met and prepared for their wedding night.

On the day Vinod passed his Bachelor of Commerce exam, his father announced they had found a suitable match for him. Would he have any objection to marrying Sheetal, the niece of his uncle's wife, who had been at Paplu's birthday party last week?

Vinod remembered seeing her there. He hadn't paid her any attention, nor had he tried to talk to her, although he was sure he had said hello once at a previous family function. She was not the most beautiful woman he had laid eyes on, but on the other hand, he couldn't remember any obvious physical defects either. Thinking about it overnight, he could come up with no particular reason to either reject or endorse the match. The wedding was negotiated that very week.

A few days later, he found himself at the house of his future in-laws. Sheetal's mother brought out the sets of jewelry that were to be given with the bride and laid them out for his family's inspection. His mother put on her reading glasses, and lifting the pieces from their red velvet boxes, started examining them one by one. Vinod watched the proceedings for a while, and then, with nothing to do, picked up a necklace himself, and held it up against his palm.

He was trying to follow a point of light as it skittered from stone to stone when his eyes met Sheetal's. He was startled by the disdain in them, a disdain so keen he had to look away. He put the necklace down immediately, then tried to catch Sheetal's eye again. But she did not look up, keeping her face properly lowered through the rest of the meeting.

He saw her next a few weeks after that, at their engagement. He wanted to talk to Sheetal then, but their eyes did not meet once during the entire ceremony. Even when he offered her the laddoo, Sheetal did not raise her head, but waited for him to bring it to her mouth, so she could take a delicate bite.

The period between the engagement and wedding passed by in a haze. Vinod spent the days at his new job in the bank, and his evenings as before, gathering with friends at the café near Churchgate. There were many jokes about his impending union, but somehow he managed not to think about how his life was going to change.

The wedding always seemed to be at least a few days away, and Vinod occupied his hours without letting himself worry about it.

It was only when he saw his garments being tied to Sheetal's that the enormity and irreversibility of the situation hit him. He was getting married, and he did not know why, or to whom. He looked up at the guests and relatives all around and heard them whispering and saw them smiling at him. […]

And then he was entering their wedding-night room and closing the door, the sounds of giggling were left outside, and the bride was sitting on the petal-strewn bed. He had seen this scene so many times before – Raj Kapoor and Nargis, Guru Dutt and Waheeda Rehman, Dilip Kumar and Madhubala, the heroine always in embroidered silk, the groom in impeccable white, and when the hero pulled back the heroine's ghunghat, she kept her eyes closed. He reached out to lift the cloth, and his hand wavered. What if Sheetal's eyes were staring at his, defiant, with the look of that first day? But his wife must have seen the same films he had, because when he looked under the cloth, her eyes were closed, the dots painted in ceremonial white forming a serene arch over her eyebrows. For a second, he wondered if he should break into song as they did in the movies. Instead, he lifted her head slowly, and asked her to open her eyes.

In that first clear look into the eyes of the person with whom he was supposed to spend the rest of his life, he was relieved to find not defiance but curiosity, not disdain but unfamiliarity, not love but not dislike, either. […]

They sat there next to each other, the layers of clothing and ornaments they were wearing too intimidating to allow conversation, let alone intimacy. More daunting was the fact that they had met only twice since the engagement, that too under the supervision of a caucus of chaperons. The silence pressed around them, as oppressive as the heat and the humidity in the air. *(751 words)*

Annotations:

l. 1 *Bachelor of Commerce:* the basic college / university degree in the field of economics

l. 7 *function*: *here:* social event

l. 24 *laddoo:* ball-shaped Indian sweet

l. 28 *Churchgate:* business area in Mumbai (formerly known as Bombay, the biggest city in India) with a lot of offices and banks

l. 32 *garments being tied:* in a Hindu wedding ceremony first the scarves of the bride and the bridegroom are tied together as a symbol of their union and then the couple walks seven times around a fire and takes the seven wedding promises

l. 38 *Raj Kapoor etc.:* popular Indian film actors and actresses

l. 41 *ghunghat:* (Hindi) cloth worn by a bride to hide her face

Aufgabenstellung

1. Describe the preparations for the marriage and the young couple's behaviour and feelings. *(Comprehension)* 16 Punkte

2. Analyse the way in which Manil Suri portrays the arranged marriage. In doing so, consider setting, mode of presentation, point of view and characterization. *(Analysis)* 24 Punkte

3. Choose **one** of the following tasks:

3.1 Against the background of the current debate on a "clash of cultures", compare the type of marriage described in this text with the different ways of finding a partner in the film *Bend it Like Beckham,* and comment on the future of marriage traditions in a multicultural society. *(Evaluation: comment)* 20 Punkte

3.2 Fill the gap in line 35 with Vinod's thoughts at this moment. Make sure that your addition helps the reader to understand Vinod's views of the events and fits in with Vinod's character and the narrative style of the text. *(Evaluation: re-creation of text)* 20 Punkte

---

Lösungsvorschläge

1. *Grundkompetenz: comprehension*
Bei der Beschreibung der Hochzeitsvorbereitungen gehen Sie am besten chronologisch vor und machen den Aufbau Ihres Textes mit Hilfe von connectives (z.B. „first", „then", „later") auch sprachlich deutlich. Jedem Schritt ordnen Sie dann die Gefühle der Charaktere zu. Während Sie klare Einblicke in die Gedanken des Bräutigams erhalten, sind Sie bei der Braut auf eine Beschreibung ihrer Handlungen angewiesen. Hier müssen Sie darauf achten, die Beschreibungsebene nicht zu verlassen.
Die ersten vorbereitenden Schritte werden von den Eltern vollzogen:
   - *the parents arrange the match and then ask their son for his consent*
   - *Vinod feels indifferent about the suggestion*

   Danach folgt die erste bewusste Begegnung, die sich allerdings eher als eine Art Inspektion der Brautgeschenke darstellt und bei der Braut eine ablehnende Haltung hervorruft:
   - *the groom and his parents inspect the bride's house and her dowry*
   - *Vinod feels bad about the disdainful glance Sheetal casts at him when he looks closely at a piece of jewellery*
   - *he cannot stand the disdain in her eyes*

   Bei der Verlobung kann die Distanz zwischen beiden Partnern nicht verringert werden, weil die Braut ihr Gesicht nicht erhebt:
   - *even though the groom (symbolically) feeds his wife, the distance is not overcome*

Bis zur Hochzeit verdrängt der Bräutigam die Gedanken an das Kommende:

- *the period between the engagement and the wedding ceremonies goes by quickly because Vinod keeps himself busy*

Die Hochzeit selbst wird insbesondere durch die traditionelle Auslage von Stoffen und Blütenblättern vorbereitet:

- *the ceremony itself is prepared by adorning people and the wedding-night room with traditional garments and petals*
- *the couple feel reminded of Bollywood films*

First the parents arrange the match in secret and then his father asks Vinod for his consent to their plan. As he cannot really remember anything good or bad about his future wife, who he had recently met at a family celebration and just said "hello", too, he feels indifferent about the suggestion. After a few days the groom and his parents inspect the bride's house and her dowry. As Vinod looks at a piece of jewellery, Sheetal and casts a disdainful glance at him. The groom feels bad about that and he cannot stand the disdain in her eyes. The engagement ceremony is the next step, but even though the groom (symbolically) feeds his wife, the distance between them is not overcome. She still does not look up and remains distant and passive. In the period between the engagement and the wedding ceremonies they meet twice more but under the steady supervision of their relatives. Time goes by quickly because Vinod deliberately keeps himself busy by working a lot and going out with his friends. He does not even pay attention to the jokes his friends crack about his wedding and pushes away all thoughts about his future. So much the harder do the feelings of "enormity and irreversibility" (ll. 32/33) hit him as soon as his garments are tied to Sheetal's during the actual ceremony. He suddenly realizes the impact this very moment will have on his life. The traditional character of the event, which is visible in this part of the text, requires a lot of preparation on the part of the families, of course. People have to be equipped with appropriate clothes and the wedding-night room has to be decorated with traditional garments and petals. Consistently the couple feel reminded of Bollywood films, but the typically Indian atmosphere cannot take away their insecurity and distance. Only after Vinod has looked into his wife's eyes is he relieved because she does not seem to be hostile any more but instead rather curious. *(336 words)*

2. *Grundkompetenz: analysis*

Zunächst sollten Sie das Wichtigste erläutern, nämlich, wie die arrangierte Hochzeit auf Sie wirkt bzw. wie sie wirken soll. Zum Beispiel:

- *the arranged marriage seems to be awkward*

Erst jetzt können Sie erklären, wie die Autorin diese Wirkung erzeugt:

- *the setting shows the contrast between modern urban life and Indian traditions*
- *the wedding-night room seems unreal and Bollywood-like*
- *the mode of narration changes between detailed descriptions and panoramic representations*

- *the third person narrator is omniscient but starts reporting on the events in a rather neutral style*
- *more and more introspection is given*
- *the male character is inexperienced and indifferent at first; during the ceremony he feels helpless but he is (partly) relieved in the end*
- *the female character behaves in accordance with the standards of her cultural community; her disdain is replaced by curiosity in the last part of the excerpt*

The awkwardness of the arranged wedding in the text excerpt from *The Death of Vishnu* by Manil Suri is shown by the traditional setting, the changes in the mode of presentation, the deployment of an omniscient third person narrator, and the characterization of Vinod as largely indifferent and Sheetal as distant.

The traditional setting of the wedding, especially the wedding-night room, forms a strong contrast to the world in which Vinod has been living for years. He had spent some time at university before he was given his Bachelor degree, which is a symbol of a rather western educational system. Vinod's workplace, a bank in Mumbai's financial district Churchgate, has a symbolic meaning, too, because it strengthens the image of a modern urban man. The café which is mentioned in line 28 fulfils a similar function but it stands for another part of modern life in a metropolis. It also creates the idea that friendship has formed a crucial part of the protagonist's life, which may significantly change after the wedding, as his friends' jokes already insinuate. The setting of the wedding visualizes an important turning point in the character's life. He knows all about Indian wedding traditions from Bollywood films but for him it has always just been artificial scenery. In the final part of the text the narrator expresses the groom's feeling that the setting of his own wedding is still not more than a stage. In fact Vinod feels that he should act like Raj Kapoor when he lifts his wife's ghunghat in the bedroom: "For a second, he wondered if he should break into song as they did in the movies" (ll. 45/46). The Bollywood glamour around them is "too intimidating to allow conversation, let alone intimacy" (l. 52). That the setting is unpleasant for the two main characters of the novel is enhanced by the "heat and the humidity in the air" (l. 55) which are just as "oppressive" (l. 54) as the silence that surrounds them. At least they have the chance to get to know each other without the giggling of the others (l. 37).

The mode of narration changes between the scenes the text focuses on and the periods between them. Whereas key moments like the engagement are described in much detail, the time between them is merely summed up in a panoramic presentation. The style mirrors the speed in which the events take place. The dense plot line does not leave any room for direct speech.

At the beginning of the text the third person narrator reports in a rather factual style and even though he already includes details about Vinod he hardly goes beyond the perspective of a careful and steady observer. From the turning point on, that is when the arranged marriage actually takes place, he provides more and more introspection into the male protagonist, for instance by using reported

thought in lines 33/34. Among other stylistic devices, Suri uses a rhetorical question in order to express the character's deep insecurity during and after the ceremony (ll. 42/43). The deployment of evaluating adjectives shows that Vinod and Sheetal actually perceive that they are being oppressed.
The arranged marriage is characterized by a lack of experience and by the indifference of the male character. Even though he is an academic he does not question the traditions and role models his parents advocate. His actions show that he has no idea how much the wedding will change his life but he seems to have a feeling that it might be something to worry about (see l. 31). He does not even want to think about his future and therefore he is helpless before and during the wedding celebrations. Sheetal behaves in accordance with the standards of her community when she lowers "her face properly [...] through the rest of" Vinod's and his parents' visit to her house (ll. 20/21). Her disdain is just visible for Vinod. However, at the end of the excerpt (ll. 43/44) it becomes obvious that she also seems to believe in Bollywood romanticism as she behaves like the women in the movies who close their eyes waiting for the hero's kiss. *(697 words)*

3.1 *Grundkompetenzen: evaluation / comment*
Sowohl die Partnerschaft zwischen Vinod und Sheetal als auch die von Joe und Jesminder in „Bend it Like Beckham" sind von einem kulturellen Konflikt gekennzeichnet, der Partnerschaft zu einem schmerzhaften Prozess machen kann. Unterschiede bestehen darin, dass Joe in „Bend it Like Beckham" die moderne, westliche Welt im wahren Wortsinn „verkörpert".
- *the clash of cultures makes marriage a potentially painful experience*
- *in "Bend it like Beckham" there is an additional interpersonal conflict because Joe personifies Western standards*

Die Schwester von Jesminder ist etwas näher an der indischen Kultur und geht ansonsten den Weg des geringsten Widerstandes; positiv formuliert könnte man auch sagen, dass sie einen Teil der Freiheiten modernen westlichen Lebens (Stichwort „Sex vor der Ehe") in ihre Kultur übernimmt. In der (aus individueller Sicht) positiv-nützlichen Verbindung von Kulturen liegt gleichzeitig bereits ein Modell für die Zukunft verborgen:
- *Jesminder's sister is clearly more closely associated to the Indian community*
- *marriage in intercultural contexts will offer the chance to take the best from each culture*
- *for example, the idea that young people can freely decide on their marital status can be combined with a formal involvement of the parents during the arrangement of the marriage*

The type of marriage described in the text is undoubtedly a painful experience for those involved. This is partly owing to the fact that at least Vinod lives a modern life but is still caught in his traditional culture. On the one hand he knows that a traditional Indian marriage is characterized by the power the parents exert on their offspring, by matrimonials and by the strict religious rules which are applied for partner matches. On the other hand he is so consumed by studying and working in a bank that it is easy for him to avoid thinking about the problems inherent in this.

In Vinod's case we can state that the clash of cultures is something that takes place within the fictitious character, which is similar to Jesminder's situation in *Bend it like Beckham*, at least when it comes to playing football. Jesminder's love for Joe is even more difficult to handle because she and her family live in Great Britain and not in India. This means that there are two distinctly different communities with different standards and Joe represents the one community whereas Jesminder (at least partly) represents the other one. Thus the clash of cultures gets an interpersonal dimension.

Her sister is clearly more closely associated to the Indian community than Jesminder, which is revealed when she happily arranges her wedding in accordance with Indian traditions. The major difference is that she has actually fallen in love with her groom way before the wedding and that she has regular intimate contact with him, too. This contradicts the old Indian traditions and it shows that arranged marriages can also be based on intense feelings.

In conclusion we can assume that marriage in intercultural contexts will offer the chance to take the best from each culture. Maybe the idea that young people can freely decide on their marital status can be combined with a formal involvement of the parents during the arrangement of the marriage. Maybe the young people decide on their partner first and then the parents take the first official step. This gives the parents a feeling of responsibility and avoids problems which sometimes occur in western societies where the parents meet at the wedding for the first time. If the two families are forced to arrange the ceremony together, the personal network can be knit much more closely and a stronger feeling of belonging together can arise. *(402 words)*

3.2 *Grundkompetenz: (re-)creation of text*

Beim Verfassen Ihres Textes müssen Sie zunächst sicherstellen, dass er zu dem vorgegebenen Ausschnitt passt und zwar inhaltlich sowie formal und stilistisch. Auf der inhaltlichen Ebene müssen Sie darauf achten, dass Sie die Unsicherheit Vinods auf keinen Fall aufheben dürfen, sondern stattdessen seine Selbstzweifel in den Vordergrund stellen sollten (z. B. durch die Formulierung von entsprechenden Fragen). Immerhin ist es der Moment, in dem ihm die Tragweite seiner Hochzeit bewusst wird. Formal gesehen ist es z. B. wichtig, dass Sie an der Erzählperspektive und der Grundsymbolik (z. B. im Hinblick auf die Bedeutung von Zeit) festhalten. Die hohe Geschwindigkeit des Erzählens (siehe Aufgabe 2) gibt Ihnen überdies vor, dass Ihr Text eher knapp ausfällt:

- *Vinod's insecurity*
- *mode of narration and point of view*
- *body language*
- *symbolism*

When he looked into the faces of his parents he saw a pride which he did not share but which did not scare him either. The faces of his friends were hardly visible behind the wall their families had built around them. Was there any need to escape? Was there any chance? He felt sick and looked at Sheetal, who looked at her mother. Santira tried to hide the tear that ran down her cheek. Sheetal's father grinned and so did his own father, who was standing next to him. Vinod looked at the clock on the wall. The hand seemed to stand still, and he wasn't sure if that was a good or a bad sign. What if time elapsed differently from now on?

His best friend came up to him and his wife – he inwardly shook his head when he thought of her as his "wife" – and offered them some more food. They accepted and he instantly started talking to them. About their new family, their home, their kids, the bank – occasionally Vinod nodded his head even though he had the feeling that he did not understand much of what his friend was telling them. Sheetal nodded, too. Her ghunghat mechanically moved up and down, and up and down again.

He imagined Sheetal's face underneath the cloth, but he was not sure what it looked like. Maybe it was still hard and disrespectful, even hostile and so full of disdain. He watched the hand of the clock again. When would he see what her face really looked like? In an hour or two? He suddenly realized that he was afraid of his wedding night. The whole evening he tried to stop thinking about her face but he couldn't. *(290 words)*

Abiturprüfung NRW – Englisch Leistungskurs 2008
Aufgabe 2

Aufgabentyp: *Sach- und Gebrauchstext (Textaufgabe mit analytisch-interpretierendem Schwerpunkt; alternativ mit anwendungs-/produktionsorientierter Aufgabenstellung)*
Unterrichtsinhalte: *Globalisation – global challenges, economic and ecological issues – towards sustainable development, international peace-keeping at the turn of the century: the role of the UN and the USA, post-colonialism and migration, the post-colonial experience in India*

Tony Blair's Lord Mayor's Banquet Speech

During a traditional dinner at the Guildhall in London on November 14, 2005, British Prime Minister Tony Blair made a major world affairs speech.

Thirty years ago a political leader who said that the way to advance the national interest was through the spread, worldwide, of the values of democracy, justice and liberty, would have been called an idealist.

Today such a person is a realist. We describe the modern world as interdependent. We acknowledge the force of globalisation. But we fail to follow through the logic of these realities in global politics.

Nations are deeply connected at every level. Of course, economically, but also now through communication, travel and technology.

Yesterday, by chance, I watched part of the MTV Music Awards. Well, it was certainly the most relaxed part of the week I just had. I recommend it to any person who wants to understand modern politics. Why? There was no politics discussed. But the fusion of sounds, rhythms and musical influences from vastly different cultures was an allegory for today's world and the context in which politics exists. This is a world integrating at a fast rate, with enormous economic, cultural and political consequences.

And it all happens as a result of what people themselves are doing. Occasionally we debate globalisation as if it were something imposed by governments or business on unwilling people. Wrong. It is the individual decisions of millions of people that are creating and driving globalisation. Globalisation isn't something done to us. It is something we are, consciously or unconsciously, doing to and for ourselves. […]

… out of this great pumping up of global integration comes the need for stronger and more effective global, multilateral action. There is a real danger that the institutions of global politics lag seriously behind the challenges they are called upon to resolve.

These challenges are pressing. The most obvious is global terrorism. Barely a week goes by without another country being added to the grieving list of victims.

Jordan, Egypt, Indonesia, India and of course here in London. Recently, in Australia, it appears an attack was foiled. We have disrupted two groups planning attacks here in the UK since 7 July alone. What is obvious now to all is that this is a global movement and requires global action in response, of which the successful completion of a democratic process in Afghanistan and Iraq is a major component. So is the push for peace between Israel and Palestine. In all of these conflicts, the only successful solution is based on democratic consent; and success would have a tremendous persuasive effect far beyond the frontiers of the countries concerned.

Similarly, with the challenge of climate change, the world has to act together. After Gleneagles we began the G8 + 5 talks with the first meeting in London on November 1. The commitment period under the Kyoto protocol ends in 2012. We urgently need a framework, with the necessary targets, sensitively and intelligently applied over the right timeframe that takes us beyond 2012.

It can only happen if the US, China and India join with Europe, Japan and others to create such a framework. Failure will mean not only increasing the damage to the environment but in a world of greater competition for carbon fuel, real pressure on energy supply and energy prices. Yet such an agreement cannot materialize without the major nations of the world agreeing an approach that is fair and balanced, sharing the most advanced science and technology to tackle carbon emissions. In other words, a just settlement as well as an effective one.

And we surely know already that if we leave millions of the world's poorest out of the onward march of global prosperity, we do not merely indicate moral indifference, but commit a foolish betrayal of our own long-term interest. [...]

In a modern world there is no security or prosperity at home unless we deal with the global challenges of conflict, terrorism, climate change and poverty. Self interest and mutual interest are inextricably linked. National interests can best be advanced through collective action.

Calculate not just the human misery of the poor themselves. Calculate our loss: the aid, the lost opportunity to trade, the short-term consequences of the multiple conflicts; the long-term consequences on the attitude to the wealthy world of injustice and abject deprivation amongst the poor. We will reap what we sow; live with what we do not act to change.

Here, in the City of London, which makes its living above all by being the meeting point of many nations, and which through trade creates much of the wealth on which this British nation depends, is a good place for this call to action. So let us act.

(764 words)

Tony Blair's Lord Mayor's Banquet Speech, November 14, 2005 Internet: http://www.number-10.gov.uk/output/Page8524.asp (September 21, 2007)

Annotations:

l. 13 *allegory: here:* typical example

l. 36 *Gleneagles:* a hotel in Scotland; *here:* the G8-summit in July, 2005, where the heads of government of Canada, France, Germany, Italy, Japan, Russia, the United Kingdom and the United States met to discuss international problems

l. 36 *G8 + 5 talks:* the meeting of the eight politicians with the political leaders of Brazil, China, India, Mexico and South Africa

l. 37 *commitment period:* a period of time for which plans and promises have been made
l. 37 *the Kyoto protocol:* an international agreement from February 16, 2005 to reduce greenhouse gas emission worldwide

Aufgabenstellung

1. Outline Tony Blair's view of globalisation, the global challenges of our time and necessary political answers. *(Comprehension)* — 16 Punkte

2. Explain how the Prime Minister uses argumentative structure, language and rhetorical devices to convince the audience of his view on globalisation. *(Analysis)* — 24 Punkte

3. Choose **one** of the following tasks:

3.1 In lines 50–53 Tony Blair states: "In a modern world there is no security or prosperity at home unless we deal with the global challenges of conflict, terrorism, climate change and poverty. Self interest and mutual interest are inextricably linked. National interests can best be advanced through collective action." Comment on this statement and its implications for the richest countries and for yourself. *(Evaluation: comment)* — 20 Punkte

3.2 After Tony Blair's speech, a political representative of India who is a guest of honour at the dinner is invited by the host, the Lord Mayor of London, to give a speech in response to the Prime Minister's speech. Write the speech. *(Evaluation: re-creation of text)* — 20 Punkte

---

Lösungsvorschläge

1. *Grundkompetenz: comprehension*
Da Ihnen die Aufgabe bereits die drei zentralen Teile des vorliegenden Textes verrät, könnten Sie bei der Wiedergabe der Inhalte ganz einfach den Abschnitten folgen: Definition von Globalisierung, Probleme, mögliche Lösungen. Wir empfehlen jedoch, die globalen Herausforderungen und die von Tony Blair vorgeschlagenen Lösungswege kombiniert darzustellen. So sparen Sie sich mögliche Wiederholungen und gewinnen Zeit:
   - *Blair defines globalisation as a closely knit economic and communicative net based on values like democracy and freedom*
   - *he states that terrorism, war, global warming, competition for energy resources and poverty are the major problems that globalisation brings about*
   - *for him only mutual action helps to meet these challenges*

Tony Blair defines globalisation as a closely linked network which is based on moral and social standards like "democracy, justice and liberty" (ll. 2/3). The different cultures of the world merge in various dimensions – it is not just the economy that connects different people but the world is also shrinking because of modern (communication) technology and travel. Globalisation is viewed as an inevitable process because people are actually willing to be part of it. It is nothing that just happens to them – they make it happen.

The global challenges which are depicted in the text are terrorism and military conflicts, climatic changes, and economic disparities. For each of the problems Blair suggests a political solution. For the former British Prime Minister global action against terrorism not only includes the work of police forces but also progress in the world's trouble spots, like Iraq, Afghanistan or Israel. Only if the peace process in these countries is based on true democratic consent, can the people in London or Australia live in peace, too. Global warming calls for new frameworks that replace the expiring Kyoto protocol and include countries like the US, China, and India. For Tony Blair it is not enough if Europe and Japan are the only ones which take action against dangerous emissions. Energy saving technologies play an especially important role because a fierce fight for energy resources is lurking. With regard to poverty in the Third World Blair explains that we need to take a different perspective on the topic. That a large number of countries is lagging behind must be seen as an obstacle to everybody's development – helping them is far more than a moral issue.

In conclusion Tony Blair states that "self interest and mutual interest" (ll. 51/52) are so closely linked that mutual action is required to meet today's challenges and give appropriate political answers. *(310 words)*

2. *Grundkompetenz: analysis*

Der Standpunkt Tony Blairs besteht darin, dass er Globalisierung als komplexes System begreift, das durch nur Handlungsbereitschaft der Politik und der Zuhörer in die richtige Richtung gelenkt werden kann. Da die Aufgabenstellung bereits die zu behandelnden Teilaspekte der Analyse nennt, sollten Sie diese zu Beginn Ihres Textes nicht nur wiederholen, sondern bereits die Ergebnisse der Untersuchung andeuten:

- *the structure of the speech is simple but distinct*
- *additionally he uses clear and occasionally symbolic language, and various additional devices which create a close contact to the listener*

Wenn Sie jetzt auf jeden der gerade benannten Punkte genauer eingehen, dann ist im Hinblick auf die Struktur Folgendes festzustellen:

- *the clear structure shows the audience that Blair tackles the topic of his speech systematically*
- *Blair's explanation of the term globalisation defines the audience as a crucial part of it*
- *some parts of the text have a contrastive pattern which shows that globalisation has an extreme impact on people*
- *the contrasts also create the impression of a dialogue*

Zur klaren, vielfach symbolischen Sprache lässt sich Folgendes sagen:

- *simplicity furthers the impression that Blair can understand the highly complex system of globalisation*

- *symbolism is used to add an emotional touch and shows personal involvement*
- *the biblical metaphor stresses that globalisation could be a threat*

Die sonstigen Stilmittel schaffen ein engeres Verhältnis zwischen dem Redner und den Zuhörern und dienen dem Appellcharakter der Rede:

- *the personal pronoun "we" and the reference to MTV enhance the feeling of unity*
- *the appeal to the audience appears to be the logical result of the whole speech*

The argumentative and persuasive power of Tony Blair's speech at the Lord Mayor's Banquet in London in 2005 results from a distinct structure, clear and occasionally symbolic language, and various additional devices which create a close contact to the listener and strongly appeal to him/her. For the former Prime Minister globalisation is a complex network of various issues which call for immediate action on the part of the listener.

The structure is easy to follow and shows the audience that Blair tackles the topic of his speech systematically: first, he defines the issue, second, he explains the problems, third, he suggests possible solutions, and fourth, asks the audience to support his ideas in order to meet the challenges which the world encounters. That the audience has to take part in the process of making globalisation work seems to be the final step in a long sequence of thoughts and closes the circle of argumentation. Blair's explanation of the term globalisation defines the audience as a crucial part of it (l. 16) – now they have to decide which part they want to play in the future. Some parts of the text have a contrastive pattern which shows that globalisation has an extreme impact on people. For example, the first two paragraphs compare the situation "thirty years ago" (l. 1) and "today" (l. 4). The use of contrasts helps Tony Blair to create the impression of a dialogue when he opposes different views on the reasons for globalisation (ll. 9–20). Rhetorical questions like "Why?" (l. 11) enhance the feeling that the speaker is discussing the issue with his audience rather than just presenting it.

The language of the text can be considered simple but intrusive. The simplicity furthers the impression that the former Prime Minister can understand the highly complex system of globalisation and has a clear vision of what has to be the next step. Symbolism is used to add an emotional touch to the speech. The MTV Music Awards (itself a symbol of British success on a globalised market) and the way different styles of music merge, for example, serve to explain that "this is a world integrating at fast rate" (ll. 13/14). The use of a biblical metaphor in the final part of the speech is even more intrusive, especially because it is used to express that the way we have handled globalisation in the past poses a severe future threat to us: "We will reap what we sow; live with what we do not act to change" (ll. 57/58). Just as in the bible people have to take appropriate action to survive and the audience feels the urge to take action, too.

Blair additionally uses various rhetorical devices which help him to bridge the gap between him and the listeners. The use of the personal pronoun "we" (for example line 4) creates a feeling of unity which is required for the mutual action Blair calls for. The allegory of the MTV music awards also shows that the (then)

Prime Minister is a man who is interested in popular culture, even though he kind of apologizes for having enough time to spend an evening in front of his TV set.

The speech ends with a direct address which is based on the recognition that the city of London, both an economic and a cultural centre and a mirror of globalisation, "is a good place for (a) call to action" (l. 61). The appeal to the audience appears to be the logical result of the whole speech at the dinner: "[...] let us act" (ibid.). *(598 words)*

3.1 *Grundkompetenzen: evaluation / comment*

Das Zitat, zu dem Sie Stellung nehmen sollen, ist recht komplex und lang. Wenn Sie es in Sinnabschnitte einteilen, stellen Sie fest, dass es im Grunde zwei Kernaussagen gibt, die einen Kommentar wert sind: Zum einen ist das die Behauptung, dass die Herausforderungen der Globalisierung nur gemeinsam gelöst werden können, und zum anderen ist es die Behauptung, dass das Eigeninteresse der (reichen) Nationen und das globale Interesse deckungsgleich sind. Der folgende Beispieltext sieht beides kritisch. Im Hinblick auf ein von Tony Blair gefordertes gemeinsames Handeln wird festgestellt, dass es ausgerechnet einige reiche und mächtige Staaten bzw. Staatsmänner sind, die sich dieser Verantwortung entziehen – darunter auch Tony Blair selbst.

- *Mr Blair is right when he calls for mutual understanding and joint action but unfortunately his own foreign policy does not fit his idea*
- *of all countries there are rich countries like the USA and powerful threshold countries like China and India which refuse to take action*

Im Hinblick auf die Deckungsgleichheit von Eigen- und Fremdinteresse wird festgestellt, dass ein kapitalistischer Weltmarkt keine gute Basis für die Verringerung von Armut ist:

- *on a global market the rich tend to get richer and the poor tend to get poorer*
- *international companies follow the principle of shareholder value and not the ideals of long term peace and (preferably environmentally friendly) development for everybody*

The impact of world politics on Tony Blair's home country cannot be denied – and it is almost as strong on any European state. As far as security goes, the effects are enhanced by British and American action in developing countries which is – more often than not – understood as undue, power-crazed interference. To my mind Mr Blair is right when he calls for mutual understanding and joint action but unfortunately his own foreign policy does not fit this idea. Climate change is also a problem that can only be solved in a mutual effort, but we need to consider that of all countries a rich country like the USA and some big countries with a high economic potential refuse to pull their weight. The attitude of less developed countries varies. Some currently do more for the environment than the rich ones – especially if we take into account their low GNP. Others do not pay much attention to ecological issues but we can – with a satirical grin – surmise that it is poverty that keeps them from polluting the earth in the same way as the USA, China and India. In the poor countries there is simply no working class that is able to buy a large amount of consumer goods or waste large amounts of energy.

The economic struggle between developing countries and industrialized countries shows most clearly that Tony Blair's views are quite idealistic if not naive. We can strongly doubt that "self interest and mutual interest are inextricably linked" (ll. 51/52) when it comes to international trade – at least not in a positive way. Even in times of a growing world economy dependence theory proves that the rich tend to get richer and the poor tend to get poorer. The terms of trade get worse for those who cannot decide which part they want to play on the world market, for instance because their economy heavily depends on mining, fishing, agriculture or simple industry.

Tony Blair also disregards the fact that globalisation has already created global players whose impact goes far beyond the impact of medium-sized states. So even if there is (a rather left wing?) political consensus concerning on the idea that "national interest can best be advanced through collective action" of different nations, capitalism may prove otherwise. Slightly simplified: the "richest countries" may feel the implications which Tony Blair's thoughts insinuate and they may even take political, action but international companies may still follow the principle of shareholder value rather than the ideals of long-term peace and (preferably environmentally friendly) development for everybody. *(425 words)*

3.2 *Grundkompetenz: re-creation of text*

Da Ihnen die Aufgabe vorgibt, als geladener Gast des Bürgermeisters von London und als politischer Vertreter Indiens aufzutreten, sollten Sie sich an diplomatische Höflichkeiten halten. Dazu gehört, es, die Gäste in der angemessenen Rangfolge zu begrüßen und auf die politischen Gemeinsamkeiten und Erfolge hinzuweisen. Da Sie sich laut Aufgabe auf die Rede Tony Blairs beziehen sollen, sollten Sie auf ein Zitat daraus etwas genauer eingehen – falls Sie Kritik äußern möchten, sollten Sie das sehr vorsichtig tun. In der Musterlösung versteckt der Redner beispielsweise seine Kritik hinter der Meinung eines afrikanischen Diplomaten.

- *address: "Prime Minister, Lord Mayor, Ambassador Sunil, Ladies and Gentlemen"*
- *reference to successful partnership*
- *"the past of Britain and India"*
- *"Britain is the largest trading partner of India in Europe"*
- *careful criticism: "a representative of an African state claimed that only the rich can afford morality"*

Prime Minister,
Lord Mayor,
Ambassador Sunil,
Ladies and Gentlemen,

Thank you very much for your invitation to talk to you as a direct representative of the Indian Government, Department of Commerce. The Indian people feel honoured by the way our British partners in the Commonwealth of Nations support our development – especially on the emerging global market. There is a great nation at our side, and it is good to feel that it is there and that it will continue to be there.

Our past – the past of Britain and India – has proven sufficiently that true peace and understanding, and economic development for everybody can only take place if we take mutual action and believe in common basic values. The values of democracy, justice and liberty – that is an important point the Prime Minister made at the beginning of his speech.

In fact Britain is India's largest trading partner in Europe – goods of more than £ 4,300 million were exchanged in 2003. Bilateral trade with Britain is an important issue because it brings about a win-win situation for both nations. This development was supported by the Indo-British Partnership in 1995 and the Delhi Declaration in 2002. This development is steadily furthered by high-level exchanges and prime-ministerial meetings. This development will enable us to work together when it comes to meeting the challenges of globalisation.

We have it good ... Last week, I met a representative of an African state at the UN meeting on global warming. He claimed that there was no food for his people because of increasing fuel production from plants. "The rich can afford morality", he said and that is a view many politicians in developing countries share. However, with a policy of joint action and common development, which Mr Blair has put forward, everybody will be able to share the benefits of globalisation and to contribute to fighting climatic changes, civil war, poverty and inequality. I sincerely hope that the Prime Minister's visions will come true, and I am sure that we can make them come true if we stand and work together.

Thank you very much. *(350 words)*

Abiturprüfung NRW – Englisch Leistungskurs 2009
Aufgabe 1

Aufgabentyp: *Literarischer Text (Gedicht) (Textaufgabe mit analytisch-interpretierendem Schwerpunkt; alternativ mit anwendungs-/produktionsorientiertem Schwerpunkt)*
Unterrichtsinhalte: *American Dream, American traditions and visions; economic and ecological issues; poems; comment, narrative*

Joyce Carol Oates: *Dreaming America*

When the two-lane highway was widened
the animals retreated.
Skunks, raccoons, rabbits – even their small corpses
disappeared from the road – transformed into rags
then into designs
then into stains
then nothing.

When the highway was linked to another
then to another
six lanes then nine then twelve rose
sweeping to the horizon
along measured white lines.
The polled Herefords were sold.
When the cornfields were bulldozed
the farmhouses at their edges turned into shanties;
the outbuildings fell.

When the fields were paved over
Frisch's Big Boy rose seventy-five feet in the air.
The *Sunoco* and *Texaco* and *Gulf* signs competed
on hundred-foot stilts
like eyeballs on stalks
white optic-nerves
miraculous.
Illuminated at night.

Where the useless stretch of trees lay
an orange sphere like a golf ball
announces the Shopping Mall, open
for Thursday evening shopping.
There, tonight, droves of teenage hunt
one another, alert on the memorized pavement.

Where did the country go? – cry the travelers, soaring
past. *Where did the country go?* – ask the strangers.
The teenagers never ask.
Where horses grazed in a dream that had no history,
tonight a thirteen-year old girl stands dreaming
into the window of Levitz's Record Shop.
We drive past, in a hurry. We disappear.
We return. *(210 words)*

From Joyce Carol Oates, "Dreaming America" (1975), in: The Fabulous Beasts, *Poems by Joyce Carol Oates, Baton Rouge; London: Louisiana State University Press, 1975, S. 83/84.*

Annotations:
l. 13 *The polled Herefords:* breed of beef cattle with horns cut
l. 18 *Frisch's Big Boy:* chain of family-style restaurants
l. 19 *Sunoco, Texaco, Gulf signs:* gas stations owned by the respective companies

Aufgabenstellung

1. Describe the process of American civilization and the reactions to it as presented in the poem. *(Comprehension)* 16 Punkte
2. Analyse the speaker's attitude to this process of civilization. Focus on the poem's structure, language and stylistic devices. *(Analysis)* 24 Punkte
3. Choose **one** of the following tasks:

3.1 Comment on Oates' poem as a statement on the *American Dream. (Evaluation: comment)* 20 Punkte

3.2 Imagine you are the thirteen year old girl *"dreaming into the window of Levitz's Record Shop"* (ll. 35/36). Write down the girl's dreams and thoughts in the form of an interior monologue. The title should be *"My American Dream". (Evaluation: re-creation of text)* 20 Punkte

Lösungsvorschläge

1. *Das Gedicht stellt den Prozess des kulturellen Wandels der USA in mehreren Phasen dar, wobei die erste Phase der Landnutzung durch Viehhaltung und Ackerbau im Rückblick als positiv erscheint, weil sie im Einklang mit Natur und der Natürlichkeit des Menschen stand.*
   – *the continent was won by cattle farming and growing crops*
   Als Wendepunkt und gleichzeitig als Schlüsselaspekt des Wandels können die Erweiterungen der Autobahnen und die Aufgabe des Ackerbaus verstanden werden.
   – *country was victimized by building more and bigger highways etc.*
   Stellen Sie heraus, dass zunächst die Tiere und letztlich auch die jungen Menschen zu Opfern werden; letztere, weil ihnen die kulturellen Veränderungen nicht bewusst sind und sie unweigerlich auf den Kommerz beschränkt werden:
   – *young people do not understand that the original character of the country is gone*
   – *they are confined to a commercial life*

   In the process of American civilisation the continent was first won by using it for cattle farming and growing crops such as sweetcorn. Looking back at that time we can surmise that people lived in peaceful, inspired coexistence not only with their own animals but also with wild creatures such as skunks, racoons or rabbits.
   Later the Americans started to victimize the country – slowly but surely – by building ever bigger and more highways, filling stations, roadside restaurants, and shopping malls. Farming was given up and the wild animals disappeared after they had been run over by cars on the wide roads. Nature was lost.
   Finally, advertising signs and shopping malls started to dominate the scene as well as the minds of young people. The young generation does not understand that the original character of the country is gone (for good?) and does not critically observe the changes. In contrast – from the perspective of the speaker – at least strangers and foreigners question the changes in American culture. The young Americans, however, are the latest victims of the ongoing changes in American civilisation. They are confined to a life of commerce and left with nothing except for record shops that fuel their dreams. Now people seem to be lost, too. *(208 words)*

2. *Hier ist es am besten, Sie gliedern Ihre Antwort nach den Aspekten, die in der Aufgabenstellung vorgegeben werden:*
   Als erstes geht es um die Struktur des Gedichts. Es ist zweiteilig mit einem zusätzlichen Schlussteil, der den Leser in die zentrale Aussage des Gedichts einbezieht:
   – *the first three stanzas all start with the word "when" and depict the historical cultural changes*
   – *last two stanzas describe the situation today*

- *final two lines are like a couplet and take a look at the attitudes of the lyrical I and the reader*

Als zweites beschäftigen Sie sich mit dem Sprachstil, der auf den ersten Blick nüchtern wirkt und mit Quantifizierung und Passiv-Konstruktionen arbeitet. Später werden dann einzelne Wertungen durch Adjektive vorgenommen:

- *the language is descriptive and exact as far as quantifications go*
- *the neutral style is even enhanced by the deployment of the passive voice*
- *at the end of the poem evaluative adjectives play an increasing role*

Der dritte Aspekt, der durch die Aufgabenformulierung vorgegeben wird, sind einzelne Stilmittel:

- *the enumeration of animals (l. 3) symbolize the variety of the natural American habitat*
- *the inevitability of its loss is made tangible by an anaphora*
- *a simile (l. 21) shows that everything the Americans do is surveyed and dominated by business life*
- *use of impressive direct speech parts / rhetorical questions*

The speaker shows his attitude towards the process of American civilisation by the strong structural division made after three stanzas of the poem and by the final two lines, which stand out clearly from the rest of the text. The use of language (for example a seemingly factual style or passive voice) and stylistic devices such as anaphoric structures, repetitions, enumerations, and rhetorical questions enhance the criticism inherent in the poem.

The first three stanzas all start with the word "when" and depict the historical changes in culture which have been explained in Task 1. The measures which initiated these changes are frequently explained in the first lines of the stanzas whereas the consequences are described in the final lines. The second part of the poem starts at line 25 and comprises two stanzas each starting with the word "where", which show the situation today. The final two lines differ from the rest of the poem like a concluding couplet in which the role of grown-up Americans is shown in a generalized way: The author uses the personal pronoun "we" to include both the speaker and the reader in the indifference of American life, which is exemplified by the speaker's uselessly driving back and forth in a hurry.

The language is descriptive and exact as far as quantifications go. The lyrical I seems to report mere facts, which is shown by the frequent use of quantifiers (ll. 1, 10). In the first part the neutral style is even enhanced by the deployment of the passive voice (ll. 1, 8, 13, 14, 17), which emphasizes that even though the responsibility for cultural changes is shared by all American people nobody actually feels responsible. At the end of the poem evaluative adjectives play an increasing role: the few trees which are left over as a decoration of the shopping malls are rated as "useless" (l. 25), whereas the stalks of the advertising signs are ironically depicted as being "miraculous" (l. 23).

In the first part, the enumeration of animals (l. 3) symbolizes the variety of the natural American habitat and the inevitability of its loss is made tangible by the anaphoric structure in lines 5 to 7. One step in the process of cultural change follows the other one. Here but also later the connective "then" is constantly repeated, which stresses for example the extent to which highways were built: "Six lanes then nine then twelve rose; sweeping to the horizon" (ll. 10/11). After the original settlement structure and land use were "sold" and "bulldozed" even the family style restaurants lost their original character and grew larger than life: suddenly "Frisch's big boy" (l. 18) is seventy-five feet tall. The simile that compares "Sunoco and Texaco and Gulf signs" (l. 19) to "eyeballs" (l. 21) shows that everything the Americans do is surveyed and dominated by business life. From the author's point of view the absolute competitions between companies, which, of course, is part of the American Dream, has led the country astray.

The huge open space of the continent is lost for teenagers, who are confined to "evening shopping" (l. 28) and "hunting" each other around the malls (cf. ll. 29/30) – instead of hunting buffaloes like their forefathers did, we may possibly add here.

In the following the key issue is formulated twice in impressive direct speech parts: "Where did the country go?". Whereas the rhetoric question is asked by travellers and strangers, the young Americans themselves seem to be so used to the loss of their cultural roots that they "never ask" (l. 33). In the final part Oates again uses the geographical location to exemplify how the history of the country has replaced the love of nature by more technical, largely commercial (but maybe also artistic) values which are displayed in the show window of "Levitz's Record Shop" (l. 36). *(642 words)*

3.1 *Stellen Sie zunächst noch einmal kurz fest, welche Einstellung Oates in dem Gedicht Ihrer Meinung nach zum Ausdruck bringen will. Anschließend nennen Sie am sinnvollsten thesenartig Ihre persönliche Auffassung und differenzieren sie danach aus. Der zentrale Grund, warum Oates mit ihrer Kritik Recht haben könnte, ist:*

- *the destruction of nature has been and still is unnecessary and inconsiderate*

Zweifelhaft ist dagegen die Absolutheit, mit der an der landwirtschaftlichen Vergangenheit festgehalten wird:

- *the American Dream does not restrict people to an agricultural life*
- *"shopping malls" are an essential component of the dream and not necessarily only bad*

Der vorliegende Lösungsvorschlag schließt gleichwohl damit, dass sich der Verfasser dem indirekten Appell der Dichterin anschließt, die aktuelle amerikanische Lebensweise zu hinterfragen.

Oates advocates a traditionalist perspective and blames the cultural changes in the US for the emergence of a rather dull way of consuming life instead of creating it in accordance with the call for productivity inherent in the American Dream. From the perspective of the speaker, farming seems a more natural way of living than spending time and money at a shopping mall. Even though this seems to be true in a way, the issue needs to be looked at more closely.

I disagree with J. C. Oates because the American Dream does not restrict people to an agricultural life either. She disregards that the Pursuit of Happiness potentially opens up other ways of living – in fact, nobody should be kept from being happy at a shopping mall. This is especially true because the "business of America is business" as President Coolidge once put it. If we follow his line of thought and define the "happier life" of the Americans as being "richer" too, we have to assess that trade and thus shopping malls are an essential component of the dream.
In contrast I agree with the author in the way that the destruction of nature has been and still is unnecessary and inconsiderate. In this context, however, the huge advertising signs mentioned in the poem are significantly less important than the huge amount of CO_2 which the American nation produces without even having too many qualms about it.
The important point which is made by the poem includes the chance to improve on the nation's dream: according to Oates the Americans, including the speaker, do not tend to think about how they spend their days – "evenings" (l. 28), if we want to stick to the given text. Fighting against and finally breaking through the indifference amongst grown-up Americans and giving young people the chance to find a more responsible way of living seems a reasonable approach to keep the American Dream alive – maybe slightly more detached from sheer commerce and consumption. *(332 words)*

3.2 *Hier ist Ihnen die Lösung weitgehend freigestellt, wichtig sind Rückbezüge zum Wesen des American Dream (z. B. Reichtum, Erfolg, Beispiele für einen erfüllten Traum). Wenn Sie etwas jugendliche Umgangssprache verwenden und ihre Gedanken auf den Kontext des Oates Gedichts (z. B. auf die Dekoration des Geschäfts oder die Gedanken zur „urbanization") zurückbeziehen, wirkt ihre Ausarbeitung authentischer. Da es sich bei der Beschreibung des Traums um einen inneren Monolog handelt, sind auch unvollständige Sätze durchaus akzeptabel.*

My American Dream

The guitar on the left – I think it's a Micler. A good brand. It's a quality product from somewhere in the Midwest and Bon Jovi plays it on the record cover right beside it. In fact in this shop there are at least 10 covers that have a Micler on it. Still a shame that they just use it for decoration. I love it. And I love records, too. Anyway, if I want to be successful I'll surely need a Fender amplifier with this guitar. That's what they say: if you want to be real good, first thing is good equipment. And I'm sure I'll need good musicians for my band, too. The Trisha Keyne's Awsomes. American country mixed with urban style rock music. That is my dream … I already know what the sound check will be like. "They will love you", one of the roadies will say: "the whole country loves you, Trisha". Yeah, I will make the audience shout and scream when the concert starts. Maybe we should play the National anthem before that. Especially the boys will cheer and maybe some will even throw their underwear onto the stage. Yuck. I will have at least three number one hits and my picture will be on the zipper at Times

Square. 5 Grammies and maybe some Tonys if I do musicals, too. "Five girls from the Shopping Mall – the new Oklahoma" – that would be a pretty good title for a musical. My Daddy would be proud of me. Everybody will love me and maybe Europe will love me, too. Then I can buy my Mom a huge swimming pool and I will have my birthday party together with Zac Efron. If you are rich you can do everything in America. Maybe I can even sing for the President. I mean a good song, not like "Dear Mr President" by Pink. My god, she is soooo rude in that song even though she can live such a good life in this country – so ungrateful. Never mind her. Anyway, in ten years my first CD will be just where her CD is today – on the top of the billboard charts, the American No 1.

(368 words)

Abiturprüfung NRW – Englisch Leistungskurs 2009
Aufgabe 2

Aufgabentyp: *Sach- und Gebrauchstext (Kommentar der internationalen Presse) (Textaufgabe mit analytisch-interpretierendem Schwerpunkt; alternativ mit anwendungs-/produktionsorientierter Aufgabenstellung)*
Unterrichtsinhalte: *dystopia, ethics, social issues, moral issues, newspaper article; comment, letter to the editor*

Heather Brooke, "Has anybody in Britain actually read *1984*?"
The Independent, 13 October 2005

"There was, of course, no way of knowing whether you were being watched at any given moment. How often, or on what system, the Thought Police plugged in on any individual wire was guesswork. It was even conceivable that they watched everybody all the time." (George Orwell, 1984)

It seems appropriate that the author of *1984* was a British citizen. George Orwell must have seen how easily the great British public's lamb-like disposition towards its leaders could be exploited to create a police state. Say what you will about Americans, but one thing they are not is passive. The Bush administration may have pushed through the Patriot Act weeks after 11 September, but, as the American public got to grips with how the law was affecting their individual rights, their protest grew loud and angry.

Yesterday saw the publication of the Government's latest Anti-terror Bill that would give police even more power. The House of Lords, meanwhile, is debating the Racial and Religious Hatred Bill, and Whitehall is investigating ways to ban former civil servants from publishing their accounts of what happens in the corridors of power.

There are already nearly 200 pieces of anti-terrorism legislation. What else can be left except thought-crime? The police and politicians have scented power and they want to run it to ground. The Metropolitan Police Commissioner Sir Ian Blair shamelessly demands more laws even while his department is under investigation for shooting dead an innocent Brazilian.

But never underestimate the British public's lack of interest in serious issues. They may moan and gripe, but the most they are likely to do is to write a letter to the editor, "Yours outraged. Tunbridge Wells". Soon enough, they will be back gobbling up their junk diet of celebrity piffle. […]

Meanwhile, the public is being banned from protesting within 1 km of Parliament. The Serious Crime and Police Powers Act makes it a criminal offence to trespass on a "designated site" for "national security" reasons. It is likely we'll see the law used against protesters. Police can also store a person's details, fingerprints and DNA when that person is arrested. You don't have to be found guilty for the police to swab your mouth and keep records on you; simply looking suspicious or being in the wrong place at the wrong time is reason enough.

I hopped on a London bus recently and found my face broadcast on both decks. The cameras are to make us feel safer. They make me feel violated. I'd feel safer if the police were more accountable and told me, for example, how many officers patrol my neighbourhood or the number of times police fail to show up when called.

Across government, institutional privacy is protected at all costs, while individual privacy is under assault. Yet the passive faces of my bus companions show a society so dulled into submission they resemble stunned cows lined up for slaughter. I can't help thinking that in America there would be petitions, leaflets, protests, maybe even armed violence.

Constant surveillance, files on innocent people, secret trials – these are the hallmarks of a police state, one that is being erected with the meek acceptance of the British public.

Where are the fighters in the UK? Where is the concern that the state is invading every single nook of our privacy? That the police are becoming more politicised and more powerful? That politicians are cloaking themselves in secrecy under the guise of national security for the most ridiculous of reasons.

What should happen is this – we should give no more power to the state without the state giving something to us. If the Government wants to keep a database of our identities, then it should publish its entire staff directory so we can see who is doing what at taxpayers' expense. If the police want to detain people for longer periods, they must tell us who these people are and what they are accused of doing; they must provide enough evidence to a judge to warrant such internment.

Here's what you can do: write to your MP or send a fax or an email to them via www.writetothem.com. See what they say on anti-terror laws or ID cards at www.theyworkforyou.com, attend a local council meeting, start asking questions and demand accountability from all those public bodies who take your money. You could even form a citizens' group or donate money to an existing pro-democracy campaign such as Liberty, Justice, Inquest, www.Mysociety.org. The alternative is real life Big Brother with all the grainy grimness of a CCTV photo shoot. *(777 words)*

Heather Brooke, "Has anybody in Britain actually read '1984' *?",*
in: The Independent, *13 October 2005.*

Annotations:

l. 1 *1984:* dystopian novel in which the citizens are constantly watched through special monitors by *Big Brother,* i. e. by the state, seeking to prevent the citizens from committing *"thought-crime"*

l. 5 *Patriot Act:* an American law allowing the interception of phone calls

l. 10 *Whitehall:* seat of the British government in London

l. 15 *to run it to ground (metaphorical usage) (here):* to gain control without a democratic mandate

l. 17 the Brazilian referred to in this line was suspected to be a terrorist and shot dead by the police; it turned out, however, that he had been an innocent member of the public

l. 20 *Tunbridge Wells:* provincial town in Kent

l. 21 *piffle:* (infml.) nonsense

l. 57 *CCTV:* abbreviation for closed circuit television

Aufgabenstellung

1. Outline Heather Brooke's view on Britain's security policies, on the public's reactions, and on the action that should be taken by the readers. *(Comprehension)* — 16 Punkte

2. Examine the way Brooke tries to convince and mobilize the reader. Focus on her line of argumentation and use of language. *(Analysis)* — 24 Punkte

3. Choose **one** of the following tasks:

3.1 "Constant surveillance, files on innocent people, secret trials – these are the hallmarks of a police state [...]" (ll. 38/39). Discuss to what extent a citizen in a globalized world has to accept living under certain restrictions for the sake of security. Give an evaluation of the author's position. *(Evaluation: comment)* — 20 Punkte

3.2 You are from Tunbridge Wells (cf. l. 20). Write a letter to the editor in which you strongly oppose Brooke's reproaches to the British public as well as her misjudgement of the political situation in the UK. *(Evaluation: re-creation of text)* — 20 Punkte

Lösungsvorschläge

1. *Als erstes sollten Sie die deutliche Kritik der Verfasserin an der britischen Sicherheitspolitik hervorheben, da der Kommentar doch eine sehr einseitige Haltung vertritt. Als Beleg müssten Sie dann die einzelnen Aspekte auflisten, in denen die Journalistin eine Gefährdung der persönlichen Freiheit der britischen Bürger sieht:*
   - *strong tendency towards the creation of a police state*
   - *latest Anti-terror Bill adds to the huge number of almost 200 laws*
   - *biological identification material is collected as a general routine*
   - *CCTV surveillance is even used on public transport*
   - *in contrast to individual spheres the state protects itself quite fiercely*

   Die Reaktion der Briten besteht nach der Verfasserin darin, keine wirkliche Reaktion zu zeigen. Vor dem Hintergrund von George Orwells 1984 *und dem Beispiel der amerikanischen Öffentlichkeit, die ihre Privatsphäre offensiv verteidigt, erscheint dies verwunderlich:*
   - *Orwell's* 1984 *should have sufficiently warned the British of Big Brother*
   - *American citizens are more successful in protecting their privacy*

   Als Konsequenz fordert die Journalistin ihre Leser sehr direkt dazu auf, geeignete Maßnahmen zu ergreifen:
   - *Heather Brooke calls for immediate action by the readers (letters, e-mails, personal talks, membership in organizations like "MySociety")*

   For Heather Brooke, the current British security policy is characterized by a strong tendency towards the creation of a police state while the general public remains passive because it seems to be disinterested.
   According to the journalist the imminent danger of a police state shows in the Government's latest Anti-terror Bill which adds to the huge number of almost 200 laws against terrorism. Brooke points out that the police are already allowed to collect biological identification material (such as DNA or fingerprints) as a general routine (l. 25). Additionally CCTV surveillance is even used on public transport already (l. 29).
   Whereas the people's private spheres are not private any longer, the state protects itself quite fiercely. For example it does not allow any protest marches in the vicinity of the seat of government and a new law will make sure that those in power are safe from any allegations by former civil servants.
   That the public is mild and meek – "lamb-like" as the journalist puts it (l. 2) – astonishes her the most: she claims that George Orwell's novel *1984* should have sufficiently warned the British of Big Brother. Further, her comparison to the civil rights groups in the USA shows that citizens can be successful in protecting their privacy if their protests grow "loud and angry" (ll. 6/7).
   As a consequence, Heather Brooke calls for immediate action by the readers, such as posting letters or e-mails to politicians or confronting them with critical questions at public meetings. She suggests that the readers join campaigns or at least give money to organizations like "MySociety" (l. 56). *(266 words)*

2. *Stellen Sie heraus, dass die Argumentation von Heather Brooke sehr gefühlsbetont ist:*
   - *strong emotional evaluations contrast helplessness and power-craze*
   - *figures underline that something must be wrong with British society*

   Brooke versucht, verschiedene Perspektiven und Bezugspunkte einzubringen, von denen natürlich die Verbindungen zu Orwell's 1984 *am häufigsten sind. Hier werden gezielt bildungsnahe Schichten angesprochen, während die Bezüge zu amerikanischen Aktivisten einen allgemeineren Charakter haben:*
   - *frequent allusions to Orwell's* 1984 *target educated citizens*
   - *comparisons to American activists add another perspective*
   - *author even uses sensationalist writing techniques and draws on personal experience which she shares with her readers*

   Die Journalistin macht sich über die Briten lustig, um ihre Leser zu provozieren, die von ihr empfohlenen Maßnahmen zu ergreifen:
   - *Brooke mocks the British public's "lack of interest in serious issues", blames them for consuming junk programmes*
   - *at the end of her argumentation Brooke offers a solution for the problem*

The strength of Heather Brooke's article is based on an affective approach that targets different groups among her readers. She does this by means of emotional evaluations, partly sardonic allusions, comparisons to fictitious and real societies, and mockery. Stylistic devices such as rhetorical questions or anaphora support her line of argumentation. Additionally, Brooke offers tangible information on how to take action against an aggressive police state.

The emotional approach is pursued by the use of strong evaluations of the British public's disposition, which she calls "lamb-like" (l. 2) or "easily […] exploited" (ll. 2/3). This helplessness is contrasted by the description of power crazed-politicians and shameless police officers such as the Metropolitan Police Commissioner Sir Ian Blair (cf. l. 15). The figure "200" (l. 13) additionally emphasizes or "quantifies" that something must be wrong with British society.

The frequent allusions to George Orwell's *1984* target educated citizens, who also fail to perceive the danger that anti-terror bills pose for the personal freedom of the British people. The visionary thoughts of the famous author are used guilefully to support the journalist's argumentation – in fact, many British (if not all) have "actually read" (headline) the book. In contrast, the comparison between the British failure to react and the sensitivity of American activists aims at convincing a slightly less high-brow group of readers for whom the American people still seem to be a positive example.

In order to prove the power craze of police forces, Brooke not only lards her argumentation with affective elements but she even uses sensationalist writing techniques: strictly speaking there is no direct logical connection between the (accidental) shooting of an "innocent Brazilian" (l. 14) and the police's quest for additional laws on terrorism. The narrative part which follows uses the journalist's personal experience to show that the measures which have been taken so far serve the state rather than its citizens. The frequent use of first-person pronouns both singular (l. 29, ll. 30–32, l. 34) and plural (l. 24, l. 30, ll. 45–49) includes everybody in the argumentation, giving them the feeling that they share negative experiences concerning police power. The direct address in lines 26 and 27 stresses that there is a personal threat to the reader.

Brooke mocks the British public's "lack of interest in serious issues" (l. 18) by contrasting it with their eagerness to consume gossip programmes about celebrities like potato crisps. The man on the Clapham bus (in this case: from "Tunbridge Wells" l. 20) describes himself as being "outraged" (l. 20) but his rage shows in a polite letter to the editor – a pretty fierce reaction for a couch potato. In contrast, the rage of American activists results in "petitions, leaflets, protests, maybe even armed violence" (ll. 36/37). The rhetorical questions in lines 41 to 43 express the urge to find such "fighters in the UK" (l. 41), too.

At the end of her argumentation Brooke offers a solution for the problem by giving her readers precise information on how they can take action. This information is presented in an enumeration of possible steps, showing that there are a lot of things people could do and including a strong appeal to the reader (ll. 51–57). The last sentence is marked by an alliteration which stresses that the "grainy grimness" (l. 57) of constant surveillance cannot be avoided if the readers stay disinterested. According to Heather Brooke's line of argumentation, "Big Brother" is still small enough to be beaten. *(581 words)*

3.1 *Die Denkrichtung, die Sie in Ihrer Diskussion verfolgen, ist Ihnen selbstverständlich völlig freigestellt: Im folgenden Lösungsvorschlag wird beispielhaft eine Gegenposition zum Artikel von Heather Brooke entworfen.*

Zunächst wird die Haltung der Journalistin als inakzeptabel eingestuft. Danach wird erläutert, warum die Behauptungen des Artikels im Hinblick auf die Errichtung eines Polizeistaates schon im Grundsatz falsch sind. Es empfiehlt sich hier, die Aspekte in der Reihenfolge des Zitats in der Aufgabenstellung abzuarbeiten:

- *surveillance cannot possibly be constant but needs to be unpredictable*
- *trials are not secret: full account of the proceedings is given as long as a public investigation does not jeopardize the success of police and military forces*
- *police do not keep files on innocent people without reason*

Im Folgenden könnten Sie dann z. B. erläutern, warum Sie zusätzlich zu den aktuellen Maßnahmen z. B. eine Überwachung privater Haushalte für sinnvoll und nötig erachten. In unserem Beispiel benutzen wir rhetorische Fragen, um die Überzeugungskraft des Textes zu erhöhen. Da Sie in einer Diskussion auch Aspekte berücksichtigen sollten, die eine andere Position nahelegen, gehen wir in unserem Lösungsvorschlag kurz auf die Gefahren des Datenmissbrauchs ein.

- *data misuse could be a problem but we do not need to panic*

Überdies könnten Sie weitere Maßnahmen vorschlagen und abschließend ein persönliches Fazit ziehen:

- *the portion of freedom we have to give up is the freedom that enables us to harm or even kill innocent people*

The author's position on the security issue is extremely biased and her claims that Britain shows characteristics of a police state are not acceptable.

To start off, Heather Brooke is wrong when she says that surveillance in Britain is constant. There is no doubt that it cannot possibly cover all areas of life but at least it needs to be unpredictable for terrorists and criminals. Otherwise it does not work: if the fox knows where the hunter will appear next he can easily steal all the chickens.

She is also wrong when she claims that we have secret trials. They are only secret until an imminent threat is banned and a public investigation does not jeopardize the success of police and military work. However, in accordance with our laws a full account of the proceedings is given to the public after the case is closed. There is no other way.

She is wrong to accuse police forces of keeping files on innocent people without any reason. They are simply necessary to filter terrorists and other criminals. To put it graphically: if you want to find the rotten parts of an apple you have to examine the entire fruit and remove the rotten spots before the rotten parts destroy it.

Our personal freedom is not threatened by CCTV cameras at specific spots such as public transport facilities, schools, convention centres, company and state buildings. But unfortunately that is not enough and we need to consent to a much stricter control. What about private living quarters? What about checking on places where criminals and terrorists are more likely to work out and professionally organize their plots to destroy our freedom for good? What about the homes of terrorists? What about the homes of the suspicious people who could turn out to be terrorists? And finally: what about the home of any suspicious person? To my mind, there is no other option for stopping fanatic killers, who are willing to sacrifice their lives just to take the lives of innocent British citizens. If they are safe, we will be sorry forever after.

Of course, the danger of data misuse is a problem which we must not underestimate, yet there is no need to panic by assuming that for example police investigations on car movements close to Whitehall or Buckingham Palace will be used for blackmailing people, whose only crime might be that they are cheating on their husband or wife (if you can imagine an attractive partner close to Whitehall or Buckingham Palace).

We need internet searches on financial transactions, more options for aircraft control, face recognition and radio frequency identification to protect us from those who have misused the lack of surveillance for too long. We need to give up some of our freedom to a certain extent. We have to give up that portion of our freedom which enables us to harm or even kill innocent people. Not more, but not less either. *(492 words)*

3.2 *Die Aufgabenstellung fordert ausdrücklich eine kritische Position gegenüber dem Zeitungsartikel. Inhaltlich können Sie also ähnliche Aspekte aufgreifen wie wir es in Aufgabe 3 getan haben.*
- *fundamentalist people want to destroy our society*
- *policemen and -women make me feel safe when I walk around town*
- *we want to be safe from terrorist bombings, drugs, weapons*

Achten Sie darüber hinaus auf die Textform und die lokale Perspektive – letztere spricht für eine eher emotionale, vielleicht sogar aufgebrachte Antwort, da die Bürger von Tunbridge Wells in Heather Brookes Artikel lächerlich gemacht werden. Auch direkte Bezüge zur Lebenswelt des Ortes bieten sich an:
- *Tunbridge Well's police squad is honest, skilful and hard working*

Ein kurzes Gesamturteil über den Artikel wäre ein sinnvoller Abschluss:
- *we don't need junk newspapers*

Mark Holmes
23 Freedom Close
GF-982TH-65
Tunbridge Wells

The Independent
The Editor – Henry Jeln, PhD
34 Thregman Drive
TR-5342GD-63
London

2/4/2009

Dear Mr Jeln,
I'm writing to you in regard to the article "Has anybody in Britain actually read *1984*" by Heather Brooke.
Mrs Brooke is a lucky person: in our democracy freedom of thought is a fundamental human right which also applies to the most stupid ideas. What if the police no longer protect this freedom? What if terrorists gain power over Britain? What if Mrs Brooke loses her freedom to say whatever she wants to say?
In Tunbridge Wells we live peacefully together with people from all cultural backgrounds. Unfortunately in the whole of Britain there may also be fundamentalist people who do not want to contribute to a modern world of multiculturalism but who want to destroy our society. That is why we need our police forces. I'm glad that for example John Falkland, Tony Carrick and Rita Davis work for Tunbridge Well's police department. John, Tony and Rita and all the other police staff make me feel safe when I walk around town or when I come home from my pub late at night. And, let me add, John, Tony, Rita and all their colleagues work hard for us for relatively low pay, probably much less than Mrs Brooke earns by simply gossiping about them in her article.
Not only are the people of Tunbridge Wells "outraged", we simply cannot accept that the people who do us so much good are disgraced in such a shameless way. Sure, we all want to be safe from data misuse and constant surveillance. But even more so we want to be safe from terrorist bombings, we want our school

kids to be safe from drugs and weapons which are sold on the streets or on public transport and we want to be safe from hijackers who crash planes into high-rise blocks. Above all, however, we want to be safe from fanatic criminals who pursue their targets with the same irrational determination with which Mrs Brookes assesses that the only people we need to fear are the police. They are truly brave and skilful specialists – overworked, overburdened and willingly misunderstood and attacked by journalists who fail to take responsibility for this state. I don't feel safe in an environment in which the good are blamed, whereas the bad can rely on the freedom they want to destroy.
In a nutshell: the British are not on a junk TV diet – as Mrs Brooke puts it – but we don't need junk newspapers either.

Yours (extremely outraged)
Mark Holmes from Tunbridge Wells *(441 words)*

Abiturprüfung NRW – Englisch Leistungskurs 2010
Aufgabe 1

Aufgabentyp: *Literarischer Text (Dramenauszug), Textaufgabe mit analytisch-interpretierendem Schwerpunkt; alternativ mit anwendungs-/produktionsorientiertem Schwerpunkt*
Unterrichtsinhalte: *Utopia and dystopia – exploring alternative worlds; Science and ethics: genetic engineering*

Edward Albee: *Who's Afraid of Virginia Woolf?*
The characters are: George, 46, professor of history at an American college; his wife Martha, 52; Nick, 30, professor of biology at the same college; his wife Honey, 26. The scene is George and Martha's living-room. Having met the younger couple at an official university party earlier, Martha has invited them over for a drink. The two couples keep on socializing, talking and drinking through the night.

MARTHA *(to NICK):* Georgie-boy, here, says you're terrifying. Why are you terrifying?

NICK *(with a small smile):* I didn't know I was.

HONEY *(a little thickly):* It's because of your chromosomes, dear.

NICK: Oh, the chromosome business. …

MARTHA *(to NICK):* What's all this about chromosomes?

NICK: Well, chromosomes are …

MARTHA: I know what chromosomes are, sweetie, I love 'em.

NICK: Oh. … Well, then.

GEORGE: Martha eats them … for breakfast … she sprinkles them on her cereal. *(To MARTHA, now)* It's very simple, Martha, this young man is working on a system whereby chromosomes can be altered … well not all by himself – he probably has one or two co-conspirators – the genetic make-up of a sperm cell changed, reordered … *to* order, actually … for hair and eye colour, stature, potency … I imagine … hairiness, features, health … and *mind*. Most important … Mind. All imbalances will be corrected, sifted out … propensity for various diseases will be gone, longevity assured. We will have a race of men … test-tube-bred … incubator-born … superb and sublime.

MARTHA *(impressed):* Hunh!

HONEY: How exciting!

GEORGE: *But!* Everyone will tend to be rather the same … Alike. Everyone … and I'm sure I'm not wrong here … will tend to look like this young man here.

MARTHA: *That's* not a bad idea.

NICK *(impatient):* All right, now …

GEORGE: It will, on the surface of it, be all rather pretty … quite jolly. But of course there will be a dank side to it, too. A certain amount of regulation will be necessary … uh …for the experiment to succeed. A certain number of sperm tubes will have to be cut.

MARTHA: Hunh! …

GEORGE: Millions upon millions of them … millions of tiny little slicing operations that will leave just the smallest scar, on the underside of the scrotum (MARTHA *laughs.*) but which will assure the sterility of the imperfect … the ugly, the stupid … the … unfit.

NICK *(grimly):* Now look …!

GEORGE: … with this, we will have, in time, a race of glorious men.

MARTHA: Hunh!

GEORGE: I suspect we will not have much music, much painting, but we will have a civilization of men, smooth, blond, and right at the middleweight limit.

MARTHA: Awww. …

GEORGE: … a race of scientists and mathematicians, each dedicated to and working for the greater glory of the super-civilization.

MARTHA: Goody.

GEORGE: There will be a certain … loss of liberty, I imagine, as a result of this experiment … but diversity will no longer be the goal. Cultures and races will eventually vanish … the ants will take over the world.

NICK: Are you finished?

GEORGE *(ignoring him):* And I, naturally, am rather opposed to all this. History, which is my field … history, of which I am one of the most famous bogs …

MARTHA: Ha, ha, HA!

GEORGE: … will lose its glorious variety and unpredictability. I, and with me the … the surprise, the multiplexity, the sea-changing rhythm of … history, will be eliminated. There will be order and constancy … and I am unalterably opposed to it. I will not give up Berlin!

MARTHA: You'll give up Berlin, sweetheart. You going to defend it with your paunch?

HONEY: I don't see what Berlin has to *do* with anything.

GEORGE: There is a saloon in West Berlin where the bar stools are five feet high. And the earth … the floor … is … so … far … below you. I will not give up things like that. No … I won't. I will fight you, young man … one hand on my scrotum, to be sure … but with my free hand I will battle you to the death.

MARTHA *(mocking, laughing):* Bravo!

NICK (*to* GEORGE): That's right. And I am going to be the wave of the future.

MARTHA: You bet you are, baby.

HONEY (*quite drunk – to* NICK): I don't see why you want to do all those things, dear. You never told me.

NICK *(angry):* Oh for God's sake!

HONEY *(shocked):* OH!

GEORGE: The most profound indication of a social malignancy … no sense of humour. None of the monoliths could take a joke. Read history. I know something about history.

NICK *(to* GEORGE, *trying to make light of it all)*: You … you don't know much about science, do you?

GEORGE: I know something about history. I know when I'm being threatened.

MARTHA *(salaciously – to* NICK): So, everyone's going to look like you, eh?

NICK: Oh, sure. I'm going to be a personal screwing machine!

MARTHA: Isn't that nice. *(772 words)*

From: Edward Albee, Who's Afraid of Virginia Woolf? Harmondsworth: Penguin Books, 1965, pp. 44–47.

Annotations:
- l. 19 *Hunh:* expression of approval
- l. 26 *dank:* wet and cold, *here* disagreeable
- l. 31 *scrotum:* bag of skin containing the testicles
- l. 38 *middleweight limit:* reference to Nick's fitness and the significance of boxing in this play. George once refused to box with his father-in-law. So Martha put on a pair of gloves, approached her husband from behind and knocked him out.
- l. 51 *multiplexity:* complexity, variety
- l. 53 *Berlin:* during the Cold War, West Berlin was a symbol of freedom
- l. 55 *paunch:* fat stomach
- l. 69 *monolith:* a large block of stone, *here* powerful person or organization that is authoritarian and inflexible
- l. 74 *salacious: here* full of sexual overtones

Aufgabenstellung

Punkte

1. Summarize George's account of the "experiment" (ll. 43/44) Focus on the changes envisaged, the potential consequences and different reactions to it. *(Comprehension)* — 16

2. Analyse the communication and relationship between the characters. Pay attention to language, stylistic devices and stage directions. *(Analysis)* — 24

3. Choose **one** of the following tasks:

3.1 George finds Nick and his programme of genetic engineering "terrifying" (l. 1). Comment on this view against the background of work done in class. *(Evaluation: comment)* — 20

3.2 Nick realizes that he cannot win the argument about genetic engineering at two o'clock on a Sunday morning. Everybody is too tired and drunk. So he decides to call George late on Sunday afternoon to present his case. Write their dialogue. *(Evaluation: re-creation of text)* — 20

Lösungsvorschläge

1. *Formulieren Sie zunächst das Hauptziel von Nicks Projekt. In einer Art Aufzählung entwirft sein Gegenspieler George außerdem ein sehr detailliertes Bild der untergeordneten Projektziele, auf die Sie eingehen müssen. Es macht hier allerdings Sinn, diese Ziele unter Ihren eigenen Schlagworten zusammenzufassen:*
   - *Nick's project aims at creating superior humans by means of genetic engineering*
   - *it targets perfect or at least preferred shapes (e. g. stature, blond hair) and body functions (e. g. health, potency)*

   Die Konsequenzen, die George vermutet, haben eher negativen Charakter:
   - *only some will procreate*
   - *the variety of mankind will be lost*

   Die Reaktionen auf Georges Ansprache sind unterschiedlich und sollten daher nacheinander abgehandelt werden:
   - *Nick is impatient, then annoyed and finally flees into irony*
   - *Martha is hostile and uses George's impulses to flirt with Nick*
   - *Honey lacks understanding and asks stupid questions*

   George states that Nick's project work aims at creating superior humans by means of genetic engineering. This includes perfect shapes (e. g. stature) and body functions (e. g. health, potency). Hair and eye colour can be ordered according to preference before birth. Above all the new technology targets creating great minds (suited especially for maths and science). Immunity to diseases and long life will be additional features of this new race.
   As a first consequence, George figures out, other people will not be allowed to procreate – instead their sperm supply will be cut off. Second the variety of human beings will get lost and, with it, arts will vanish. Also the unpredictability of life, and thus of history will not exist any longer.
   The other characters react differently to George's lecture. Nick, who smiles before George starts his talk, is impatient and enervated at the beginning, and then he gets annoyed and finally flees into irony. Martha is constantly hostile towards George and (mis-)uses his impulses to flirt with Nick. Honey, Nick's girl-friend, is puzzled and surprised. Her lack of understanding, which she additionally drowns in alcohol, makes her ask stupid questions and accounts for a short conflict with Nick.

   (200 words)

2. *Als Hauptaussage wird in folgender Beispiellösung zunächst festgehalten, dass die Kommunikation auf Nick ausgerichtet ist, auch wenn George im vorliegenden Dramenauszug den größten Redeanteil hat. Aus jeder Kommunikationslinie wird der Grad von Nähe und Distanz deutlich:*
   - *the communication between the characters is mostly directed towards Nick*
   - *George threatens his colleague verbally and shows his disinterest in his wife*

- *Martha wants to turn Nick on and thereby tries to hurt George*

Die Sprache, die Stilmittel und die Regieanweisungen können Sie entweder in dieser Reihenfolge analysieren (siehe Aufgabenstellung) oder Ihre Antwort nach den oben genannten Kommunikationsflüssen und Charakteren ordnen. So wird es im Folgenden gemacht. Im Einzelnen könnten Sie zu George ausführen:

- *hostility and determination, maybe also envy and jealousy can be felt in his speech*
- *for example tautology, enumeration, contrast and irony are used to express his dislike*
- *exaggerations and insinuations are used to stress the dark side of Nick*

Zu Martha:

- *her statements are both sour grapes and sweet talk*
- *she uses sexual double-talk and nick names to turn Nick on*
- *she tries to hurt and laughs about her husband*

Zu Honey:

- *Nick's wife lacks understanding and is alienated from her husband*

The communication between the characters is mostly directed towards Nick and clearly shows the distance and the grade of appreciation. George lectures during large parts of the excerpt and threatens his colleague verbally, whereas Martha adores Nick (or pretends to) and tries to turn him on. Honey stays pretty far away from him, even though she is his girl-friend. The relationship between George and Martha is indirectly characterized as being highly unpleasant.

George makes a stand against Nick's attempts to alter chromosomes in a university research programme. His stand is based on assumptions concerning the targets Nick pursues (l. 15), which hints at the fact that their encounter is their first one. The hostility and determination, maybe also envy and jealousy, can be felt in various parts of George's speech even though it is elegantly woven and its pace is pleasant. The character lands his first remarkable hit by using the tautology in lines 12/13 in which the professor assesses that Nick "probably has one or two co-conspirators". By the doubling of the "co" and by insinuation, the working together of the research group is given a negative, even criminal touch. When George enumerates the features people will be able to order in the future he reveals that he has understood Martha's leech for Nick and maybe is slightly jealous of Nick's youthful sexual power: "potency" (l. 14) clearly is an odd man out in the list of characteristics. In the following the contrast between the hyphenated technical terms (e. g. "test-tube-bred", l. 17) and the description of the new race as "superb and sublime" (l. 18) hints at the frictions which George perceives and which make him dislike Nick. By declaring Nick the model for the new generation of humans George starts his personal attack. It is obvious that Nick's model character for a new race is exaggerated or – at least – not intended at all. George turns his scientific style (e. g. quantifiers l. 30) into an exaggerated description of our genetic future. The "glorious men" (l. 35) he depicts are in fact pretty close to a Nazi image of a new Arian race which indirectly stresses the unpleasant side (cf. l. 26) of the programme. The selection of genes appears to be rather cruel than simply Darwinist. The hybris inherent in the creation process is further ironized in the prefix that makes our civilization a "super-civilization" (l. 41). Therefore George sees himself as a natural (cf. l. 47) opponent of Nick's project and announces that he will fight it. By directly addressing him as "young man" (l. 58) he includes him personally in his threat. That he holds up his own imperfectness to ridicule (cf. l. 58) merely stresses his determination to "battle [Nick] to the death" (l. 59). The stage directions also support the impression that George does not want to let anybody stop him and that he takes a superior position that allows him to ignore his opponent (cf. l. 47).

Martha's comments on George's speech are both sour grapes and sweet talk. She tries to hurt George by more than insinuating that she is attracted by Nick's personality and that she is awed by his physical appearance and his mental capacities. Her sexual double-talk starts when she claims that she likes chromosomes (cf. l. 8) which refers to Nick's research and also expresses a liking for sex. This is enhanced by Martha's addressing Nick with nicknames ("sweetie", l. 8; "baby", l. 62). Her exclamation in line 19 again shows her emotional involvement and that she is truly impressed by Nick's research work before she continues stressing that she also likes his looks (l. 23).

During the rising conflict the contrast between the two men grows steadily. Martha stresses the difference between the mediocre Professor George and the successful scientist Nick when she laughs about George's claim to belong to the leading edge of scholars in his field (cf. l. 49). When George expresses his (maybe too) positive self-picture she ridicules him in accordance with the stage direction (l. 60).

Honey lacks understanding and her contributions to the conversation are weak. She lives in a separate, even alienated, sphere because she can hardly follow what her husband is doing for a living. This is insinuated when she talks about Nick's chromosomes without understanding the double meaning of her statement (l. 4). She is easily taken in by George's talk and even turns against her husband when she is drunk (ll. 63/64). The misunderstanding is swept under the carpet by Nick's rude exclamation but it is not resolved by any explanation (l. 65). As difficulties in partnership are obviously also a focus of the play, this may be understood as a hint at severe frictions in Nick's and Honey's marriage. They seem to be too different to be compatible. *(804 words)*

3.1 *Der folgende Beispiel-Kommentar stimmt der These zu, dass Gentechnik als gefährlich und furchterregend einzustufen ist, obwohl es natürlich unbestreitbare Vorteile gibt. Entsprechend versucht der Text, anhand der bisherigen Erfahrungen mit Genmanipulationen bei Pflanzen, Tieren und Menschen vor allem auch die zentralen Gefahren aufzuzeigen.*

Bei Pflanzen gilt es, folgende Aspekte abzuwägen:

- *plants were made more resistant to infections and their yield was improved*
- *consequences were the diminishing of plant diversity, genetic pollution, loss of flavour*

Bei Tieren:

- *negative implications are already owing to traditional modification (e.g. fat cows which could hardly graze)*
- *the potential of cloning a "super"-sheep endangers variety*
- *eugenic approach is against basic rights of living beings*

Bei Menschen:

- *production of medicine and therapeutic cloning can be helpful*
- *there is a small line between healing and creating anew; there is no control*

Als Fazit bleibt die Aussicht auf eine Welt, in der der Mensch sich mit Hilfe von Gentechnologie selbst abgeschafft hat:

- *owing to genetic engineering a completely new, superior, race could arise and the human race dies out*

'Terrifying' is a very strong word that describes the notion of imminent and extreme danger. Unfortunately genetic engineering arouses exactly this feeling in myself, too. We have a fair claim to being frightened to death at the face of how scientists tinker with nature. In the long run, natural plants, animals and human beings are severely endangered by programmes that aim at "improving" life in a seemingly Post-Darwinist fashion.
Plants have the longest tradition in genetic modification, as they were made more resistant to infections and their yield was improved on. The results, of course, are both good and bad. The most prominent effects were a raise of revenues for food producers and the diminishing of plant diversity. Additionally, the potential of genetic pollution of wild plants certainly came into existence – both on the fields and beyond them. The flavour of plants (e.g. corn) has become less varied and often less interesting for the sake of weight and volume. What is more, we do not know how the alterations made might affect humans. Another (wrong) change, which we would not even notice for lack of declaration, may be enough to cause even more unpleasant allergies or – as a worst-case scenario – fatal plagues.
Changes in animals have been done in a slow way by selective breeding for quite a while before direct modifications were done on the genome. The negative implications of traditional selection processes are obvious: we have come to know that even though several of the new breeds are quite attractive or profitable, life is probably quite unpleasant for them – for example dogs with walking difficulties or extremely fat cows which could hardly graze or survive by showing their natural behaviour – not that they needed doing so, of course. If minor and slow alterations cause so much harm, what can we expect of major changes which can undoubtedly be accomplished by gene technology? The cloning of sheep such as Dolly in 1996 is probably the least dangerous approach even though it can be considered a break-through that paved the way for more. What is more, the cloning of a "super"-sheep, as George in *Who's Afraid of Virginia Woolf?* would probably put it, would certainly diminish the variety of sheep in general. We may ask ourselves if we actually need sheep with different wools and body shapes.

However, if we think it through to the end we would probably consider it more tragic and against human rights if we did the same with mankind.
Another aspect of an absolute genetic selection is that "Super", at the latest since the eugenic Nazi policy during the totalitarian Third Reich, must be seen as a matter of definition.
Without any doubt humans have also profited from genetic engineering – for example the production of insulin by means of genetically modified bacteria helps a lot of people every day. Disease, even the functional loss of organs can be healed by therapeutic cloning. Unfortunately, there is a fine line between healing and creating anew. Cloning in this context is not merely re-productive but productive. Any new creation involves an invention of life which took evolution years and years. Mary Shelly showed the dangers of playing god as early as in the Romantic Age: "Frankenstein", the creator-scientist who sparked life into a new being is haunted by it for the rest of his life. As we know from the history of science everything that can be done will be done by somebody. Nuclear weapons are just one fatal example which in their fury could easily be paralleled by the slightest genetic transformations.
If only the fittest survive we may truly fear that genetic engineering is actually not a Post-Darwinist phenomenon. Maybe genetic engineering does not replace evolution, but is merely a minor, for us, extremely unfortunate, part of it. Maybe once genetic alterations have been made on humans a completely new, superior, race will arise and our race will become extinct – simply because we are not the fittest any more. We will simply have used our technology to create something fitter.

(675 words)

3.2 *Die Gestaltung des Dialogs ist Ihnen relativ freigestellt, allerdings sollten Sie auf Inhalt und Stil des Dramenauszugs Bezug nehmen. Konkret heißt das, dass George den bissigen Humor des Vortages beibehält und Nick sich aufgrund seiner verbesserten Tagesform etwas schlagfertiger darauf einstellt, ohne die angestrebte Versöhnlichkeit aus den Augen zu verlieren:*

- *include sour grapes ("I thought you were working on your superior race")*
- *make jokes (for example about Martha: "I thought that you could be screwing my wife", or about George: "Well as usual")*

Inhaltlich sollte Nick eine wissenschaftliche Ebene anstreben, sich gegen Georges Vorwürfe verteidigen, an dessen Sachlichkeit appellieren und einschlägige Argumente vorbringen:

- *include appeals ("let's talk the whole thing over without hard feelings")*
- *criticism ("no need to demonize it")*
- *arguments ("we can heal so many diseases")*

George sollte dagegenhalten, auf geschichtliche Fakten und Erfahrungen hinweisen, vielleicht aber auch auf den amerikanischen Kontext hin differenzieren:

- *historic parallels ("If you invent something […] people misuse it")*
- *social context ("there will be somebody who'll sell blond and blue-eyed kids to them")*

GEORGE: George speaking.

NICK: *(with a smile)* Well, as usual, George. This is Nick speaking.

GEORGE: Oh hi Nick. I thought you were working on your superior race this Sunday. You know the new race won't need a Sunday anyway. Alternatively I thought that you could be screwing my wife, who is not here again. You need to know that you'd probably not be her first personal screwing machine though.

NICK: Why don't we talk the whole thing over without all those hard feelings, George? On a University level. And without being too drunk.

GEORGE: Ok. We can always try ...

NICK: Admittedly, my project has good sides and bad ones. But it deals with something we will be confronted with anyway, you know. There is no need to demonize it. And I'm convinced that it is better if decent scientists take care of the matter. American scientists. If we actually succeed in fully exploring the genetic code and one day somebody most certainly will, we can heal so many diseases – we can make life longer without the uniformity you were talking about yesterday.

GEORGE: History shows that the bad boys rule.

NICK: What exactly do you mean by that?

GEORGE: Just take the old nations. The Spaniards, the Dutch and the British invented the best ships. What did they do?

NICK: Sailed overseas and united the world?

GEORGE: Exploited is more the word. If you invent something with a potential of being misused, people will misuse it.

NICK: History doesn't have to repeat itself. This is not a totalitarian state in which some leader can decide that he wants babies with blue eyes and blond hair only.

GEORGE: I bet we are talking about history again here, Nick?

NICK: Well ... this is a free nation. We have laws and we need more laws to double-check on genetic engineering.

GEORGE: I'm sure we don't even need any Hitler to mess up our world. If American people are confronted with blond and blue-eyed actors and actresses in their Hollywood movies they want blond and blue-eyed kids, too. And there will be somebody who'll sell blond and blue-eyed kids to them.

NICK: Above all, healthy kids, George. With a genetic cure for cancer and with a replacement forefinger from the lab.

GEORGE: I think this is kind of disgusting. I would not even want any artificial forefinger. Yet I've got to admit that you are a pretty rational hero, Nick. All the best.

(George hangs up)

NICK: *(aware that he is talking to himself)* I'm just a scientist, George. Enjoy the rest of your Sunday. *(416 words)*

Abiturprüfung NRW – Englisch Leistungskurs 2010
Aufgabe 2

Aufgabentyp: *Sach- und Gebrauchstexte (Kommentare und Leitartikel der internationalen Presse); Textaufgabe mit analytisch-interpretierendem Schwerpunkt; alternativ mit anwendungs-/produktionsorientiertem Schwerpunkt*
Unterrichtsinhalte: *Shakespeare – a literary 'giant' in the 21st century: Shakespeare and the Elizabethan World; in-depth study of a play and corresponding film passages/scenes from theatre performances*

Why it's time to give the Bard the heave ho!
by Brandon Robshaw; *The Independent*, April 24, 2008

As a tribute to Shakespeare this St George's day, isn't it time we dropped him from the National Curriculum? The Bard is a national monument. Nor is there anything wrong with that. Along with a flag, an anthem and a football team, a national writer is part of the trappings of nationhood. The Italians have Dante, the Germans have Goethe, the French have a pantheon which includes Molière, Racine, Victor Hugo and Proust.

And Shakespeare is peculiarly well-suited to be ours, for both literary and non-literary reasons. The date of his death and the putative date of his birth neatly fall on our patron saint's day; he belongs to the golden age of Elizabethan expansionism; his history plays chronicle our kings and queens and contain quotable patriotic gobbets ("This precious stone set in the silver sea," "We few, we happy few," etc.) His output is staggeringly prolific – 38 dramatic works in all the genres, several long poems and over 150 sonnets – and his plays work well enough dramatically to be constantly performed today. He had, as George Orwell put it, an amazing skill at putting one word beside another; as well as acute psychological insight, the largeness of mind to give great lines even to minor or unfavoured characters, an unmatched ear for rhythm, and an uncanny ability to coin memorable phrases which, in many cases, have passed into general usage.

One might even say that appreciation of Shakespeare is the touchstone of an educated literary taste. If you don't like him, you don't get it. Voltaire and Tolstoy famously didn't, but then English wasn't their mother tongue.

The trouble is that most schoolchildren today don't like him and don't get it. And this isn't their fault. Shakespeare wrote over 400 years ago. Few people realise how much English has changed in just the last generation. Grammar and vocabulary have altered to the extent that teenagers tend to dismiss anything written before about 1960 as "Old English".

Besides, the large and increasing number of second-language speakers are in the same boat as Voltaire and Tolstoy from the start. We don't have anything like the unified national culture we had when I first studied Shakespeare in the 1970s. Then, most schoolchildren had at least some exposure to the King James Bible, the Book of Common Prayer and Hymns Ancient and Modern. We still didn't find Shakespeare easy, but at least we didn't need to have "thee" and "thou" explained to us.

Even the key selling-point that many Shakespearisms have entered common usage is gradually losing its force as the years go by. I was recently taken aback to discover that virtually none of a class of London teenagers had encountered the expression "one fell swoop". Well, you might say, here's your chance to teach them, then. But that cannot be the justification for making Shakespeare compulsory – to teach outdated idioms that no one under the age of 40 uses.

We need to think more clearly about the purpose of enshrining Shakespeare in this manner. If it's to preserve his national monument status, this is an unnecessary and counterproductive way of going about it. If it is to teach those things that literature is supposed to teach – aesthetic pleasure, understanding of character, moral sensitivity, liberal humanist values, an inkling of the techniques by which literary texts work their magic – then Shakespeare is simply not delivering. It's like handing pupils a treasure in a locked chest. More contemporary texts may not offer quite such riches, but at least the kids could open the box.

Making today's school children read Shakespeare is about as sensible as compelling them to read *Ulysses* or *Tristram Shandy*. For all but a few – the brightest and best-read – it is a form of torture. Yet it's laid down in the National Curriculum that all British children of secondary school age must study not one but two Shakespeare plays. It is, as Will himself would say, a custom more honoured in the breach than in the observance – and in practice, many teachers circumvent the difficulty by teaching a fragment of *Romeo and Juliet* and then showing the class *West Side Story*.

By the time students come to choose their AS-levels, those with a liking for literature should be ready to appreciate the riches Shakespeare has to offer. Let them wait until then. This isn't "dumbing down". Force-feeding children Shakespeare can only induce nausea and a lifelong aversion. If we want Shakespeare to be for all-time as well of an age, we must let students come to him when they are willing and able to make the effort needed to enjoy him. Surely this is a tribute our national writer deserves?

From: Brandon Robshaw, Why it's time to give the Bard the heave ho!, in: The Independent, April 24, 2008
http://www.independent.co.uk/news/education/schools/brandon-robshaw-why-its-time-to-give-the-bard-the-heave-ho-814375.html (29. 06. 2009)

Annotations:
title *to give sb. the heave ho:* to end a relationship with sb.
l. 1 *St. George:* patron saint of England
l. 10 *gobbet:* fragment, *here* piece of literature
l. 14 *George Orwell:* British author
l. 36 *(at) one fell swoop:* in one go
l. 48 *Ulysses, Tristram Shandy:* novels by James Joyce and Laurence Sterne
l. 51 *a custom more honoured in the breach:* a custom better abandoned than followed (quote from Hamlet)
l. 53 *West Side Story:* musical based on Romeo and Juliet
l. 54 *AS-levels:* school subjects chosen at the age of 16

Aufgabenstellung Punkte

1. Summarize the author's views on the importance of Shakespeare today and the conclusions he draws for teaching Shakespeare. *(Comprehension)* 16

2. Analyse the way the author uses structure, argumentative techniques and language to attract and persuade his readers. *(Analysis)* 24

3. Choose **one** of the following tasks:

3.1 Discuss the author's view on Shakespeare's relevance for young people. Refer to your background knowledge as well as texts by Shakespeare and film adaptations that you know. *(Evaluation: comment)* 20

3.2 Write a letter to the editor of *The Independent* in which you comment on the author's views on teaching Shakespeare. Take into account your own experience of Shakespeare as a German student of English. *(Evaluation: re-creation of text)* 20

Lösungsvorschläge

1. *Die Wichtigkeit Shakespeares wird in dem vorliegenden Artikel von Brandon Robshaw auf zwei grundlegenden Ebenen dargestellt. Wir empfehlen daher eine klare Zweiteilung Ihres Antworttextes. Zum einen bezieht sich der Verfasser des Zeitungsartikels auf die grundlegende und herausragende Bedeutung des Künstlers für die nationale Kultur Großbritanniens.*
   - *he is a national symbol and an artful source for delight*
   - *the Bard undoubtedly left his stamp on the kingdom and his works are a source for learning*

   Zum anderen erläutert Robshaw, dass der Bedeutung Shakespeares durch den (verpflichtenden) Einsatz seiner Texte im Klassenzimmer nur vordergründig Rechnung getragen wird.
   - *the importance for the school curriculum only seemingly matches his general importance*
   - *any chances for appreciating Shakespeare's works have been ruined*

   On the one hand, the author clearly states that the importance of Shakespeare as a national symbol and as an artful source for delight should by no means be underestimated. His great mind belongs to England and his works are a crucial part of British culture. Both from a historical and a modern perspective. To Brandon Robshaw the Bard undoubtedly left his stamp on the kingdom – for example as far as aphorisms and (more or less fashionable) idioms are concerned but also because people can still learn a lot from Shakespearean characters and plots.
   On the other hand, the journalist explains that the importance of Shakespeare for the National Curriculum only seemingly matches his general importance. His presence on the reading lists is meant to maintain the Bard's extraordinary status

but in fact this is counterproductive. The educational policy fails because any potential appreciation of Shakespeare's works has been spoiled by social tendencies (mainly changes in language acquisition and reading habits) as well as recent developments in language conduct. These make it difficult, if not impossible, to understand Shakespearean texts well enough to enjoy doing so.
In a nutshell, compulsory reading of the Bard's texts (for all secondary school pupils) does not make sense anymore and has to be reconsidered accordingly.

(211 words)

2. *Die vorgegebenen Aspekte der Analyse können Sie in der vorgeschlagenen Reihenfolge abhandeln, allerdings können bestimmte Aspekte wahlweise der Struktur oder der Argumentationstechnik zugeordnet werden. Auch im Hinblick auf die Sprache haben Sie hier Spielräume. Wir schlagen folgende Aufteilung vor.*
Erstens, Struktur:
– *four main parts logically and inevitably lead the reader to the answer (description of status, key problem, conclusion, suggestions/appeal)*

Zweitens, Argumentationstechnik:
– *argumentation keeps the right balance between revealing and concealing*
– *initial question could be either considered a real or a rhetoric one*
– *the remainder of the introductory part is neutral and factual*
– *the author proves his competence and reliability*
– *he gives references and examples*

Drittens, Sprache:
– *the sober choice of words gives the text a rational touch*
– *the inner logic of the argumentation is stressed*
– *the "treasure in a locked chest" is the key metaphor*
– *later Robshaw's imagery becomes fiercer*

Robshaw's comment, which was published in *The Independent* on April the 24th, is clearly structured into four main parts which logically and inevitably lead the reader to the journalist's final answer to the topic question: From all we know from Robshaw's text, Shakespeare should indeed be (at least partly) dropped from the National Curriculum (ll. 1/2). The argumentative technique is extremely guileful, because it cleverly reveals more and more of the intentions the journalist pursues. Likewise, the use of language makes it increasingly tangible that, by the end of the article, we as readers will be convinced that educators should change their minds about Shakespearean pieces in the classroom as swiftly as possible.
Before the main body of the text starts the author asks the question if it "isn't [...] time" (l. 1) that we change our minds concerning Shakespeare and consider abandoning his texts from the National Curriculum. After that the author starts answering this initial question by providing a description of Shakespeare's contributions and by clearly stating that the Bard and his works are still valuable literary symbols of the nation (ll. 7–18). The next two paragraphs (ll. 19–38) pre-

sent the key problem by elaborating on the fact that an "appreciation of Shakespeare is the touchstone of an educated literary taste" (ll. 19/20) – a challenge which British kids simply cannot master any more. In the following two paragraphs a conclusion is presented (ll. 39–53) and suggestions are made concerning how (or more precisely, when) children can finally discover the magic of the old pieces of literature. At the end Robshaw rounds off the text's structure by paraphrasing his initial question. With a twist, by now the reader knows the proper answer.

The argumentative technique finds the right balance between revealing and concealing. The journalist's view on the issue is already visible in the provocative title and the question at the beginning. At face value especially the question could be either considered a real or a rhetorical one, because giving up Shakespeare simply seems too peculiar if not paradoxical to most educated British. For this reason a majority of readers would probably spontaneously answer the question in the negative (especially as *The Independent* is one of Britain's biggest quality papers, read by an educated audience). The impulse to do so, of course, is deliberately strengthened by the suggestion that the Bard should be given the "heave ho" (title) on St. George's of all days (l. 1) – the anniversary of St. George's death and his own "putative [...] birth" (l. 8). Usually somebody's birthday is not a good day for saying goodbye to him (no matter for which reason we have to add at the backdrop of the rest of the article). The remainder of the introduction is neutral and factual – the facts such as the number of Shakespeare's works (ll. 12/13) or the high significance of national artists (ll. 4–6), which are enumerated here, cannot be doubted – especially as Robshaw makes comparisons on a European level. This obviously serves to build up an image of reliability, which he later needs in order to get away with selective and biased information on Shakespearean idioms (l. 36). Furthermore the author proves his competence by drawing on Shakespeare himself and on George Orwell (ll. 14–18) – a quote from *Hamlet* is used to make clear that there is nothing wrong with giving up inappropriate attitudes: "a custom more honoured in the breach than in the observance" (ll. 51/52). Here, at the latest, the last reader has to accept that the author of the article is serious about abandoning the tradition of reading Shakespeare at school. Other authorities Robshaw refers to are Voltaire and Tolstoy (l. 20). Robshaw uses them as examples to show that even bright minds may fail in understanding Shakespeare if their language skills are insufficient – the same, as he states in the following, is true for many school children. After Robshaw has prepared the grounds he formulates his cause in an appeal to stop force-feeding school children and to wait until they are old enough to appreciate him: "Let them wait until then" (ll. 55/56).

In some parts the language of the article is less emotional. Here the sober choice of words gives the text a rational touch. The inner logic of the argumentation is also stressed by anaphoric sentence structures such as in line 20 ("you don't like him, you don't get it"). In other parts the language becomes more symbolic. The key metaphor is the "treasure in a locked chest" (l. 45) which the author uses to describe Shakespeare's texts as a nuisance and, at the same time, a precious jewel. In the following paragraph Robshaw's imagery becomes fiercer. Reading Shakespeare has turned into a "form of torture" (l. 49) – another step on the way to persuasion. *(807 words)*

3.1 *Die Relevanz Shakespeares zeigt sich am deutlichsten auf drei Ebenen, die Sie nacheinander erklären und diskutieren sollten. Zunächst ist er unbestritten ein Künstler von Weltruhm und kann daher als kulturelles Erbe gelten:*
– artist of worldwide reputation
– relevance as a cultural heritage can even be statistically proven
– if something "sells" we can assess that it is still attractive
Der zweite Aspekt ist der künstlerische Wert, der sich vor allem in der Sprache zeigt:
– some of the idioms and metaphors have been passed on over the generations
Das dritte Moment ist die Aktualität der Themen in Shakespeares Werken:
– the topics have not lost their magic and the messages are relevant
– the absoluteness of love is still desirable and frightening
– hatred, revenge, murder are part of the human psyche
– language can serve as a means of understanding but can also fail
Zusammenfassend wird in der Beispiellösung noch einmal der zentrale Aspekt aufgegriffen, nämlich dass auch junge Menschen heute viel aus Shakespeares Stücken lernen können.

The relevance of Shakespeare for young people shows in his status as an iconic artist, the artistry of his works itself and his topics (also Leitmotifs) which still mean a lot to people in modern times.
Shakespeare is one of the few artists of worldwide reputation. His position in Britain, maybe in the whole of Western Europe, is obvious and does not have to be discussed. We all share a similar theatrical tradition and the Bard's general relevance as a cultural heritage can even be statistically proven by the fact that his plays are still the most staged ones. And not only because they are so numerous. *Romeo and Juliet*, *Hamlet* and also *Macbeth* still rank in the German top ten. Thus, if something "sells" we can assess that it is still attractive. This is also obvious when looking at more modern plays which employ techniques of Elizabethan theatre such as the spoken stage, "hell", balconies and various backstage parts.
Indeed we can say that so far Shakespeare's significance has been mirrored both on stage and by school curricula. What is more is that rather recent film adaptations of Shakespearean plays are successful even though the old fashioned language is kept such as in Baz Lurman's version of *Romeo and Juliet*. Likewise, it is amazing to see Emma Thomson and Kenneth Branagh battle and fall for each other in *Much Ado About Nothing*.
The artistic value is also tangible in some of the idioms and metaphors which have been passed on over the generations. If "something is rotten in the state of

Denmark" everybody knows that it is about time to do something against it. The adorably sharp wit – for example of Benedick and Beatrice – is still something we can learn from. Philosophical thoughts and recognitions as in Hamlet's famous soliloquy "To be or not to be" are still relevant in any situation in which we have to make a decision, but hesitate.

Basic topics have not lost their magic and neither have the behavioural patterns which Shakespeare depicts. For example, the love that Romeo and Juliet share still serves as an example to lovers today – of course, it has not changed that its absoluteness is desirable and frightening at the same time, but that is what love is like. The dark side of human nature is just as topical nowadays and Shakespeare's characters serve as an immersive warning: hatred and revenge, even murder, are still more integral to the human psyche than we might think. Shakespeare also vividly proves to us that language can serve as a means of understanding each other – sometimes it can also fail as a communication tool and be a reason for misunderstanding. Here Macbeth and also the tragic ending of *Romeo and Juliet* serve as a proof. Shakespeare plays are also relevant because they combine sophisticated content with sensationalist aspects (e. g. ghosts like in *Hamlet* or sword fights for the groundlings). This is highly relevant to today's world in which young people probably consider it impossible to combine ARTE and SUPER RTL – but life is like that.

To summarize, Shakespeare proves to young people that "all the world is a stage" – that we are confronted with the same crises as the dramatic characters in the Bard's tragedies, histories and comedies – and also with the same chances. The relevance for young people consists of the fact that we have similar choices and that Shakespeare can still impressively teach us what to do. *(578 words)*

3.2 *Beachten Sie bitte zunächst unbedingt die Form eines Briefes. Das heißt konkret, dass Sie Adressen (ggf. auch erfundene), Datum, Anrede und Abschiedsfloskel mit einbringen. Bei einer Stellungnahme in einem Leserbrief sollten Sie zudem eine klare Position beziehen. Im vorliegenden Beispiel stimmt der Verfasser mit dem Zeitungsartikel dahingehend überein, dass Shakespeares Texte eine große Herausforderung sind. Eine kategorische Abschaffung als Schullektüre kommt allerdings aufgrund persönlicher Erfahrungen nicht in Frage:*

- *Robshaw is right to assess that Shakespeare's texts are a challenge*
- *if the question is 'to read or not to read', I prefer to read*

Der erste Hauptaspekt, der zur Begründung dieser Auffassung dient, ist die Befriedigung, die beim Lesen von schwierigen Dramen oder Gedichten auftreten kann. Dies setzt allerdings voraus, dass man die Texte tatsächlich versteht:

- *it can be a good feeling to master the difficulties of classical literary texts*
- *the balcony scene in* Romeo and Juliet *(language, attitude towards the moon) is a good example of this*
- *understanding requires interest; thus, reading should be voluntary*

Der zweite Hauptaspekt ist die Relevanz als Kulturgut und der persönliche Nutzen, den man aus Stücken wie Romeo and Juliet *ziehen kann:*

- *there is a historic responsibility not to let the Bard fall into oblivion*
- *we need to identify with characters to see the connection to our lives, then we can learn a lot*

Als Schluss formuliert der Verfasser, dass es in seinem Fall sinnvoll war, dass er zum gründlichen Lesen gezwungen war. Dies hat ihm gezeigt, dass die heutige Generation nicht zu dumm zur Shakespeare-Lektüre ist und man ihr nicht die Chance nehmen darf:

- *we had to put enough effort into the play to appreciate it*

Jonathan Müller
Bruchstr. 25
52498 Siegen
Germany

The Independent
The Editor
34 Thregman Drive
TR- 5342GD- 63
London

20/4/2010

Dear Sir or Madam,

There is no doubt that Brandon Robshaw ("Why it is time to give the Bard the heave ho!" from April 24, 2008) is right to assess that Shakespeare's texts are a challenge for people of any age and language background. From my perspective, however, it is a challenge that is worth taking. If the question is 'to read or not to read', I prefer to read.

That is first because I have come to think that it is a good feeling if you master the difficulties of such classical literary texts – the crucial obstacle here is that reading texts is not very fruitful because many young people lack interest (this probably does not differ much between Britain and Germany). At school it is an additional problem that teachers often want to push through their way of understanding. Usually this ends with a model interpretation and nothing else is accepted.

My problems understanding the balcony scene in *Romeo and Juliet* and my finally grasping it are a good example of this: first it seemed unclear what the characters thought about the night and if they saw it as friend or foe – I really spent (too) much time on it speculating on single words and phrases, I even read something about "Elizabethan age and the stars". In the end, I came to the conclusion that the night was probably both positive and negative – for the people during the Elizabethan age as well as for myself. The basic recognition is that sleeplessness can be annoying unless you spend your time consciously appreciating life. Go out and celebrate, go out and find somebody you can watch the pale moon with! When I had found my way of understanding the scene I felt like Dr. House who had spent some time figuring out the solution to a difficult case and finally cleverly succeeded. What is more, I am positive that I can solve the next cases, too. In my class there were two girls who understood the text in a similar way – they put just as much effort into the whole matter as I did. All the others had given up. The solution here is voluntary reading. School must make it possible to spend lesson time with the greatest writer ever – that is, for those who are interested in trying hard, for those who are willing to understand the Elizabethan world view and its underlying social values. For the rest, teachers will find other texts that can be more easily understood and appreciated. However, if you are given the choice to pick a Shakespeare text for reading, do not miss the challenge and go for second best instead.

Second, the relevance, which Robshaw explains in the first part of his article, must not be underestimated. The significance is tangible on two levels. The first level is a historic responsibility not to let the Bard fall into oblivion. For the British it must be pretty much like dumping all the country's rubbish on St. Paul's Cathedral, just because we do not understand its pictures and symbols straightaway (any more). The second level is a personal one. I would have missed the opportunity to learn a lot about love and partnership – things to do (devotion, spontaneity) and things to avoid (sacrifice and secret plans). The difficulty here is that we do not see the connection to our lives instantly. The best thing to do about that is to identify with the characters by acting out scenes and doing role plays – or by watching modern film versions of plays like for example Baz Lurman's *Romeo and Juliet* or by comparing it to other adaptations such as *West Side Story*.

For us as young people the key to Shakespearean texts is actually reading them instead of preparing ourselves by means of Internet devices and by writing cheat slips. I can remember that our teacher gave us a reading comprehension test that everybody failed the first time. He insisted on making us read the play more thoroughly and by the time most of us were able to pass another reading test, the appreciation of the text had grown enormously; before that we simply had not put enough effort into the perception process. It's not true that our generation is too stupid to understand plays like *Romeo and Juliet* – now that I know how splendid the texts are it appears to be sad enough that our teacher had to force us to read it in the first place.

Mr Robshaw, don't try to take away our chance to be educated.

Yours sincerely,

Jonathan Müller *(786 words)*

Abiturprüfung NRW – Englisch Leistungskurs 2011
Aufgabe 1

Aufgabentyp: *Literarischer Text (Romanauszug), Textaufgabe mit analytisch-interpretierendem Schwerpunkt; alternativ mit anwendungs-/produktionsorientiertem Schwerpunkt*
Unterrichtsinhalte: *Globalization, global challenges – Economic and ecological issues*

Ian McEwan: Solar

The first part of McEwan's novel is set in the year 2000. Professor Michael Beard, winner of the Nobel Prize for Physics, has been appointed first head of the National Centre for Renewable Energy, a government research laboratory in Reading, a university town west of London. On his weekly visits to the site Professor Beard is picked up at the station by Tom Aldous, one of the post-doctoral physicists working at the Centre.

His name was Tom Aldous. He told the Chief in that first chat that he had applied to work at the Centre because he thought the planet was in danger, and that his background in particle physics might be of some use, and that when he saw that Beard himself was going to lead the team, Beard of the Beard-Einstein Conflation, he, Tom Aldous, excitedly assumed that the Centre would have as its prime concern solar energy, particularly artificial photosynthesis and what he called nano-solar, about which he was convinced …

"Solar energy?" Beard said mildly. He knew perfectly well what was meant, but still, the term had a dubious halo of meaning, an invocation of New Age Druids in robes dancing round Stonehenge at Midsummer's dusk. He also distrusted anyone who routinely referred to "the planet" as proof of thinking big.

"Yes!" Aldous smiled with his many teeth into the rear-view mirror. It would not have occurred to him that the Chief was not an expert in the field. "It's all out there, waiting for us to understand how to use it, and when we do, we'll be amazed we ever thought of burning coal and oil and the like." […]

"Do you think we could ever get by," [Beard] asked, stifling a yawn, "without coal and oil and gas?"

Aldous was taking them at a clip around a giant roundabout as big and busy as a racing circuit, that slung them centrifugally out upon a descending slip road and down onto the motorway, into the redoubled roar of onrushing vehicles, and trucks the size of five terraced houses whining in file towards Bristol at eighty-five miles per hour, and everyone else lining up to shoot past. Exactly so – how long could this go on? Beard, weak and tender from sleeplessness, felt belittled. The M 4 demonstrated a passion for existence which he could no longer match. He was for the B-road, a cart track, a footpath. Shrinking inside his Harris tweed jacket, he listened to Tom Aldous, who spoke with the lilting confidence of a prize pupil providing the answers he thinks he knows his teacher wants.

"Coal and then oil have made us, but now we know, burning the stuff will ruin us. We need a different fuel or we fail, we sink. It's about another industrial revolution. And there's no way round it, the future is electricity and hydrogen, the only two energy carriers we know that are clean at the point of use."

"So, more nuclear power."

The boy took his eyes off the road to lock with Beard's in the mirror – but for too long, and the older man, tensing on the back seat, looked away to encourage the driver's gaze back on the mayhem outside.

"Dirty, dangerous, expensive. But you know, we've already got a nuclear power station up and running with a great safety record making clean energy converting hydrogen to helium at no cost, nicely situated ninety-three million miles away. You know what I always think, Professor Beard? If an alien arrived on earth and saw all this sunlight, he'd be amazed to hear that we think we've got an energy problem. Photovoltaics! I read Einstein on it, I read you. The Conflation is brilliant. And God's greatest gift to us is surely this, that a photon striking a semiconductor releases an electron. The laws of physics are so benign, so generous. And get this. There's a guy in a forest in the rain and he's dying of thirst. He has an axe and he starts cutting down the trees to drink the sap. A mouthful in each tree. All around him is a wasteland, no wildlife, and he knows that thanks to him the forest is disappearing fast. So why doesn't he just open his mouth and drink the rain? Because he's brilliant at chopping down trees, he's always done things this way, and he thinks that people who advocate rain-drinking are weird. That rain is our sunlight, Professor Beard. It drenches our planet, drives our climate and its life. A sweet rain of photons, and all we have to do is hold out our cups! D'you know, I read this guy saying somewhere that less than an hour's worth of all the sunlight falling on the earth would satisfy the whole world's needs for a year."

Unimpressed, Beard said, "And what was this guy taking as his measure of solar irradiance?"

"One quarter of the solar constant."

"Too optimistic. You'd need to halve that again." […]

Beard snapped the pages of his speech to indicate that the conversation was at a close. The essence of a crank was, firstly, to believe that all the world's problems could be reduced to one, and be solved. And secondly, to go on about it non-stop.

(799 words)

From: Ian McEwan, Solar, *London: Jonathan Cape, 2010, S. 24–27*

Annotations:

- l. 4 *Beard-Einstein Conflation: here* reference to Beard's discovery relating to the interaction of matter and electromagnetic radiation. It was Beard's contribution to quantum mechanics that won him the Nobel Prize
- l. 25 *Harris tweed jacket:* tweed jackets made out of fabric hand-woven on the island of Harris in the Outer Hebrides
- l. 42 *that a photon striking a semiconductor releases an electron:* Aldous refers to the basic principle of photovoltaics
- l. 54 f. *solar irradiance:* measurement of the amount of sunlight
- l. 56 *solar constant:* fixed amount of constant solar radiation on a specific area
- l. 58 *pages of his speech: here* the manuscript of a speech Beard was to give later that day

Aufgabenstellung Punkte

1. Describe the situation presented in the extract, the relationship of the two characters and the views expressed by them. *(Comprehension)* 16

2. Examine the way in which the characters' relationship is reflected in their dialogue. Consider the content and structure of the dialogue as well as the chosen point of view. *(Analysis)* 24

3. Choose **one** of the following tasks:

3.1 Discuss Tom Aldous' motives and his ideas on how to cope with the global energy crisis. Support your view with reference to work done in class. *(Evaluation: comment)* 20

3.2 Later that day Professor Beard will address sixth formers at a local secondary school on ways of coping with the global energy crisis. Write the introductory statement of his speech in which he also refers to his conversation with Tom Aldous. *(Evaluation: re-creation of text)* 20

Lösungsvorschläge

1. *In der Aufgabenstellung geht es um die Grundsituation, die sich im vorgegebenen Text vor allem aus Tom Aldous' Aufgabe ergibt, seinen Chef mit dem Auto abzuholen.*
   - *the excerpt deals with the first encounter between Tom Aldous, a post-doc physicist, and his boss, the Nobel Prize winner Michael Beard*

   Die Beziehung zwischen beiden ist von einer Distanz geprägt, die durch Toms glühende Rede über die Vorzüge der Sonnenenergie keineswegs aufgehoben wird:
   - *relationship is distanced, a distance which cannot be overcome by Aldous' enthusiasm*
   - *he advocates that the sun could nourish the planet and satisfy all our needs*

   Die klare Hierarchie zwischen dem Nobelpreisträger Beard und seinem Fahrer bleibt bis zum Ende des Exzerpts erhalten – insbesondere, weil sich der bekannte Physiker als kritisch und wortkarg erweist:
   - *there is a strong and tangible hierarchy*
   - *the professor is critical when he is confronted with umbrella terms and catch-phrases*

The excerpt describes the first encounter between a post-doc physicist, Tom Aldous, working at the National Centre for Renewable Energy and a well-known professor and Nobel Prize winner, Professor Michael Beard, who is the head of the laboratory. The scene is set in a car with the rear-view mirror being the focal point of connection between the two characters as the driver is sitting in front whereas the "Chief", as Aldous calls his boss (l. 1), is sitting in the back.
The relationship is distanced, a distance which cannot be overcome by Aldous' enthusiasm concerning solar energy, which he thinks should be the prime concern of Professor Beard and of mankind in general. There is a strong, tangible hierarchy as Aldous puts a lot of effort into playing the role of a nerdy and competent student who advocates that the sun could nourish the planet and satisfy all our needs. To him, the Lord has given us the key to living in full accordance with nature and complete luxury, just because the energy carried by photons can be isolated and used by means of semiconductors.
The professor's view of solar energy is rather sceptical, and he becomes even more critical when he is confronted with the umbrella terms and catch-phrases which Aldous uses in his excitement. He – somewhat unwillingly – listens to his driver, at least for long enough to reject his position with a few words and to come to the conclusion that Aldous is a weird person not worth talking to.

(252 words)

2. *Die unstimmige Beziehung der beiden Charaktere soll laut Aufgabe aus dem Inhalt und der Struktur ihres Dialogs heraus analysiert werden. Zudem spielt die Erzählperspektive eine entscheidende Rolle, was in der folgenden Beispiellösung als erster Aspekt erläutert wird, weil ihm besondere Bedeutung zukommt:*

- *third-person omniscient narrator*
  the narrator puts a label on Beard that shows his superiority
- *the outstanding position of Beard is also visible in the mentioning of the "Beard-Einstein Conflation"*

Der Inhalt des Dialogs zerfällt in zwei Teile, die genauso unvereinbar scheinen wie die beiden Charaktere, die den Dialog bestreiten:

- *the conversation falls into a highly affective approach on the part of Tom Aldous and a more or less scientific approach on the part of Prof. Michael Beard*
- *Aldous appears to be too young and too inexperienced*
- *his excitement is formalized by punctuation (l. 12) and by his tirades concerning solar energy*
- *Aldous expresses the necessity of solar energy by anaphoric structures (ll. 36ff.), rhetorical questions (ll. 38/39), exclamations (ll. 40/41) but does not prove it with facts and figures*
- *Prof. Beard is too tired and unwilling to build up any relationship*
- *the "Chief" is unimpressed and, to him, Aldous does not seem to be an acceptable conversation partner*
- *thus he ends the dialogue by snapping the pages of his script*

The encounter, which is described by a third-person omniscient narrator, shows a strong hierarchy and an emotional clash between the two characters involved. The content of the conversation falls into a highly affective approach on the part of Tom Aldous and a more or less scientific approach on the part of Prof. Michael Beard. Being completely absorbed by his own greatness and boredom, the head of the Centre does not put much effort into keeping up the conversation and therefore it has a one-sided structure.

In the exposition, the narrator puts a label on Beard that shows his superiority. It is a nickname most probably used by the employees at the Centre to show their boss' leading position. For Aldous and the others, the winner of the Nobel Prize for Physics is the "Chief" (l. 1), the only authority for the simple 'tribe members', who would follow his word without hesitation. The outstanding position of Michael Beard is also visible in the mentioning of the "Beard-Einstein Conflation" (l. 4), a scientific finding which leaves no doubt that Beard is a genius – even more so than Einstein himself, as the order of the names suggests. The narrator further depicts the hierarchy between the two characters by characterizing Aldous not by his achievements but only by his ideas and plans, which he pursues on the basis of excited assumptions (cf. ll. 5 ff.). In a nutshell, he appears to be too young and too inexperienced.

The conclusion we can draw from the insight the narrator gives us is paralleled by the setting. The distance between the two characters is visible in their seating position in the car, that allows for limited conversation only. The contrast between them is matched by the activity of the driver on the one hand and the reservedness of the passenger on the other.

The narrator also depicts Beard's body language to further the reader's impression that he does not want to be involved too closely with Tom Aldous. His lack of interest is demonstrated, for example, when Beard is "stifling a yawn" (l. 16) – he is too tired and unwilling to build up any relationship. However, at one point the hierarchy seems to be inverted: here the narrator takes the role of an observer and reveals that the professor is feeling insecure beneath his quality suit (cf. l. 25). In the dialogue, Aldous' excitement is formalized by punctuation ("Yes!", l. 12) and by his tirades concerning solar energy. To him it represents bliss (cf. ll. 28 ff.). He uses the same register a green activist would use on a political level, for example, when he claims that "we sink" (l. 29). As a political statement that might be appropriate, but it is most certainly inappropriate when talking to a Nobel Prize winner who obviously seems to be interested in scientific findings rather than emotional perspectives. The catch-phrases Aldous uses are partly convincing (e. g. l. 29), but he seems to oversimplify the situation and the generation of electricity from sunlight. Aldous' way of explaining the necessity of solar energy is marked by anaphoric structures (ll. 36 ff.), rhetorical questions (ll. 38/39) and exclamations (ll. 40/41), but the only fact he includes in his argument is that the sun is "ninety-three million miles away" (l. 38). He continues by telling a parable which indicates that we do not see the obvious solution to all our problems but still chop down trees (or mine coal and gas) to get our energy.
The driver's speech leaves the Chief "unimpressed" (l. 54). In his short replies he questions the physical preciseness of Aldous' thoughts and corrects the "measure of solar irradiance" (ll. 54/55) which is necessary to determine the amount of energy that can be gained from the sun. Finally, Professor Beard flips over the pages of his script, which formalizes the end of the dialogue (l. 58). To him, Aldous does not seem to be an acceptable conversation partner.
Whereas we only get an outsider's view of Aldous, the narrator gives us insights into Beard's thoughts (cf. ll. 8–11, ll. 59/60), showing the professor's contempt for his young employee. The last sentence, for example, reports a thought in which Beard explains his pattern for finding out if somebody is a "crank" (l. 59). And as far as this pattern is concerned, Aldous certainly belongs to this unpleasant category of human beings. *(736 words)*

3.1 *Es steht Ihnen bei dieser Aufgabe völlig frei, sich für oder gegen Tom Aldous' Ansatz auszusprechen, die Sonnenenergie als Allheilmittel in Bezug auf die wachsende Energieknappheit in der Welt anzusehen. Bei der Entwicklung Ihrer Argumentation sollten Sie u. a. auch auf die Argumente und Motive der Romanfigur eingehen. Der vorliegende Vorschlag stimmt Aldous insofern zu, als die Sonne unsere beste und wahrscheinlich einzige Option sein dürfte, stellt aber drei Bedingungen, damit der Traum des Charakters tatsächlich wahr werden kann:*
- *solar energy is mankind's number one opportunity to secure energy supply*
- *the sun must be complemented by other types of renewable energy*
- *wastefulness must be avoided and peaceful distribution must be secured*

In the long run (i.e. for the next 200 million years), solar energy is mankind's number one opportunity to secure an energy supply which is at least sufficient. This is especially true if it is complemented by other types of renewable energy and a waste of power is avoided. Provided that the global distribution of energy production can be solved peacefully, we indeed have the chance to bask in the sun.
However, additional efforts must be made with regard to wind and water resources. Only if other forms of green energy are added to solar power can fossil fuel combustion and nuclear power be replaced. This energy mix is recommendable until the generation of solar energy resources reach their full effectiveness. In this context, of course, the major question is whether the turn towards alternative energies will come quickly enough. For example, the attitude of the man in Aldous' parable, who thinks that he is dying of thirst, poses a severe threat to the introduction of solar energy or any other new type of energy. If the people of today do not believe in the power of the sun, they will continue destroying the planet by burning wood, coal and gas. In this context, characters like Aldous himself are ambivalent. On the one hand, he could be dangerous for the undertaking as he appears to be a zealous prophet who preaches his sermon to everyone he meets. As a result, his pushiness may put people off the idea of solar power rather than motivate them to believe in it. On the other hand, his disturbing idealism is also the reason why he devotes his whole (working) life to progress in the field of renewable energies – and we will need many people like him.
Moreover, wastefulness must be avoided as long as there is no technology to deal with it. One solution to this could be to impose taxes following the German policy concerning cars and the fuel they use. Taxes account for more than half of the fuel price at the filling station. In a perfect world all this money would be used to improve on the production of renewable energies and economical vehicles. Even though this is not the case, yet a start has been made, especially if you compare the German to the American approach.
The final obstacle that we have to overcome when introducing and developing solar energy is the global distribution of the resource. Similar to crude oil deposits, solar radiation is not evenly dispersed over the planet. As a general tendency, we can probably assume that the angle of the sun will account for a change in the world economy. For example, all of a sudden the desertified regions of the Sahel would possess the best opportunities for energy production. Europe and the US would suffer from a locational disadvantage and just as oil fields have been the reason for many wars, the sun unfortunately might be, too.
Unless we solve these problems, Aldous' vision will not come true even though it might be the only way for man to survive. *(517 words)*

3.2 *Hier wird von Ihnen ein „introductory statement" zu einer Rede von Prof. Beard verlangt. Schwierigkeit könnte hier sein, die angemessene Länge eines solchen Textes abzuschätzen. Ihr Text könnte in etwa den ersten 3–5 Minuten des Vortrags entsprechen.*
Die Rede, die von Ihnen gefordert wird, muss dem Charakter und der Rolle von Prof. Beard entsprechen. Zudem sollten Sie die Form einer Rede einhalten (Begrüßung, rhetorische Figuren) und auf die Zuhörer Bezug nehmen, indem Sie Beispiele aus deren Lebenswelt wählen. Zusätzlich wird explizit gewünscht, dass Sie die Begegnung mit Tom Aldous einflechten, wenn Sie Ihre kritischen Argumente zur Sonnenenergie entwickeln:
- *mention personal accomplishments and reasons for the speech ("awarded the Nobel prize", "head of the local Centre for Renewable Energy", "young people are extremely important")*
- *address audience ("Good morning students", "Who takes a shower every day?")*
- *refer to students' lives ("This school consumes an enormous amount of energy")*
- *mention Tom Aldous ("talked to an employee of my Centre this morning")*
- *make a stand and put forward extra arguments ("need to develop consciousness concerning the necessity of solar energy and [...] double our efforts", "it would only work if somebody gave us that giant silver sun panel")*

Good morning Ladies and Gentlemen, Mr Wilkins, students,

From Mr Wilkins' introductory speech you already know that I was awarded the Nobel Prize for Physics, but that is not the only important thing in my life. Currently I'm the chairman of the National Association of Physicists, a member of the International Board of Science, a professor at King's College, Oxford, and last but not least, the head of the local Centre for Renewable Energy just a few yards down the road.
I'm glad to be here with you because I think that young people are extremely important for the future of this planet: we will require gifted and well-educated people. That is why Mr Wilkins and myself have agreed on my talking about solar energy, a scientific field which will gain more and more importance in the years to come.
Let me tell you why ... This school and its students consume an enormous amount of hot water, the heating is on all winter long and we have a lot of spot lights, which you can see right above me. At home you have probably got a TV set, you take a shower every day *(pauses, casts a disgusted look at one of the rows at the back)*. Well, maybe not everybody ... but at least most of you. Let me ask you: Who takes a shower every day? Yes, put up your hands, please.
Who has got a computer?
Who has one cooked meal a day?
Burgers?
And then again it's not only the electricity from your socket that is necessary to work a computer. There's a lot of energy needed for its production, too. Consid-

er: a computer needs to be turned on constantly for more than 10 years to equal the amount of energy consumed during its processing. You, myself and Mr Wilkins, too – we all consume more energy than we may actually think. Coal, gas, in a word: fossil fuel combustion, nuclear power, and – to a very small degree – wind and sun.
You seem to be shocked because I've just held you responsible for the destruction of the planet, haven't I? But it is not that bad yet. In fact, I believe that the way we consume energy is a good thing because without coal or gas our country would be lagging behind the rest of the world. We'd be somewhere in the Middle Ages … and sadly enough we'll need coal, gas and nuclear energy for a few more years so that we won't be teleported back to the Middle Ages again.
A few solar panels alone cannot do the trick yet. We'll need time to make them effective enough, to save energy while producing them – the same phenomenon applies here as it does to the computer –, and to make them last longer. Only then can we catch some rays without getting our fingers burnt.
(Some of the students with an obviously more alternative lifestyle start muttering)
This morning I talked to an employee of my Centre who was mad about the idea of using purely solar energy. He has a PhD in Physics and he was extremely enthusiastic about the benefits of the sun. In fact, he came up with a simple equation that a single hour of sunshine that hit the Earth would be enough to give us energy for a full year. Does that make us happy?
(The students nod and applaud)
No, it doesn't, sorry to say – simply because his equation was wrong. Not only did he choose the wrong measure for solar irradiance but the idea would also require us to have sun panels across the whole planet like silver foil and we would have to live our great life in the shade. And even that would only work if we in creased our efficiency and caught 100 % of the energy supplied. And then again it would only work if somebody gave us that giant silver cover for free without any energy consumption during its production.
We certainly have to develop our consciousness concerning the necessity of solar energy and we will have to double our efforts. However, for the time being I would suggest that we all try to reduce our personal energy consumption. Turn off the lights, turn off the heating, and turn off your laptops as well as the PCs in your classrooms.
If you succeed in halving your energy consumption over the next year, we'll be able to afford to equip the roof above you with cutting edge solar panels and, provided that you keep your consumption at the same low level, we will almost be able to refrain from using coal or gas or nuclear power. To cut a long story short, the sun is not our hero. If there is a hero at all, it has to be you (pointing at the students), and you, and you.
And now let us talk about further ways of coping with the global energy crisis …

(829 words)

2011-10

Abiturprüfung NRW – Englisch Leistungskurs 2011
Aufgabe 2

Aufgabentyp: *Sach- und Gebrauchstext (Zeitungsartikel); Textaufgabe mit analytisch-interpretierendem Schwerpunkt; alternativ mit anwendungs-/produktionsorientiertem Schwerpunkt*
Unterrichtsinhalte: *Post-colonialism and migration – The post-colonial experience in India; British and American traditions and visions – The American dream then and now; globalization, global challenges*

Farewell to an India I Hardly Knew

by Anand Giridharadas

Anand Giridharadas was born in Cleveland, Ohio, to parents from Mumbai, India. Working as a columnist for The New York Times *and the* International Herald Tribune *he spent several years in India and reported on the country in his "Letter from India" series.*

MUMBAI, India – The first thing I ever learned about India was that my parents had chosen to leave it.

The country was lost to us in America, where I was born. It had to be assembled in my mind, from the fragments of anecdotes and regular journeys east.

Now, six years after returning to the country my parents left, as I prepare to depart it myself, the mind goes back to the beginning, to my earliest pictures of it.

India, reflected from afar, was late-night phone calls with the news of death. It was calling back relatives who could not afford to call you. It was Hindu ceremonies with saffron and Kit Kat bars on a silver platter.

India, consumed on our visits back, was being fetched from the airport and cooked a meal even in the dead of night. It was sideways hugs that strove to avoid breast contact. It was the chauvinism of uncles who asked about my dreams and ignored my sister's.

It was wrong, yet easy, to feel that we did India a favor by coming home. We packed our suitcases with things they couldn't get for themselves: Jif peanut butter, Hellmann's mayonnaise, Gap khakis. These imports sketched a subtle hierarchy in which they were the wanting relatives and we their benefactors.

My cousins in India would sometimes ask if I was Indian or American. I saw that their self-esteem depended on my answer. "American," I would say, because it was the truth, and because I felt that to say otherwise would be to accept a lower berth in the world.

What it meant to be American was to be free to invent yourself, to belong to a family and a society in which destiny was believed to be human-made.

I looked around in India and saw everyone in their boxes, not coming fully into their own, replicating lives lived before. If only they came to America, I told myself, so-and-so would be a millionaire entrepreneur; so-and-so would be as confident in her opinions as her husband; so-and-sos' marriage would be more like my parents', with verve and swing-dancing lessons and bedtime crossword puzzles; so-and-so would study history and literature, not just bankable practicalities.

I moved to India six years ago in an effort to understand it on my own terms, to render mine what had until then only belonged to my parents.

India was changing when I arrived and has changed dramatically, viscerally, improbably in these 2,000 days: farms giving way to factories; ultra-cheap cars being built; companies buying out rivals abroad. But the greatest change I have witnessed is elsewhere. It is in the mind: Indians now know that they don't have to leave, as my parents left, to have their personal revolutions.

It took me time to see. At first, my old lenses were still in place – India the frustrating, difficult country – and so I saw only the things I had ever seen.

But as I traveled the land, the data did not fit the framework. The children of the lower castes were hoisting themselves up one diploma and training program at a time. The women were becoming breadwinners through microcredit and decentralized manufacturing. The young people were finding in their cellphones a first zone of individual identity. The couples were ending marriages no matter what "society" thinks, then finding love again. The vegetarians were embracing meat and meat-eaters were turning vegetarian, defining themselves by taste and faith, not caste.

Indians from languorous villages to pulsating cities were making difficult new choices to die other than where they were born, to pursue vocations not their father's, to live lives imagined within their own skulls. And it was addictive, this improbable rush of hope.

The shift is only just beginning. Most Indians still live impossibly grim lives. Trickle down, here more than most places, is slow. But it is a shift in psychologies, and you rarely meet an Indian untouched by it.

Grabbing hold of their destinies, these Indians became the unlikely cousins of my own immigrant parents in America: restless, ambitious, with dreams vivid only to themselves. But my parents had sought to beat the odds in a bad system, to be statistical flukes that got away.

What has changed since they left is a systemic lifting of the odds for those who stay. It is a milestone in any nation's life when leaving becomes a choice, not a necessity.

At times, my mother wonders if they should have remained, should have waited for their own country's revolution instead of crashing another's. And as I leave India now I can only wonder how history would have turned out if the ocean of change had come a generation earlier. *(786 words)*

Annotations:

l. 9 *saffron and Kit Kat bars on a silver platter:* referring to the Sacred Thread ceremony, a Hindu coming-of-age ritual for young boys: a solemn religious rite is followed by an exchange of gifts and a sumptuous feast
l. 15 f. *Jif, Hellmann's, Gap:* brand names
l. 20 *lower berth: here* inferior position
l. 32 *viscerally: here* fundamentally
l. 41 *microcredit:* a small amount of money borrowed from a bank
l. 56 *flukes: here* extremely improbable cases
l. 61 *crash: here* take advantage of

Aufgabenstellung

		Punkte
1.	Describe the author's family background and his changing images of India. *(Comprehension)*	16
2.	Analyse the author's view of India. Take into consideration content, structure and language. *(Analysis)*	24
3.	Choose **one** of the following tasks:	
3.1	With reference to the article, discuss the question to what extent the ideals of the American Dream could be a model for a 21st century India. *(Evaluation: comment)*	20
3.2	One of Anand Giridharadas' cousins has been living in India all his life. He writes a personal letter to Anand, in which he reflects on the question whether he, too, should emigrate to the USA or stay in India. Write his letter. *(Evaluation: re-creation of text)*	20

Lösungsvorschläge

1. *In dieser Aufgabe wird von Ihnen verlangt, dass Sie die Familiensituation des Autors beschreiben und darstellen, wie sich sein Bild von Indien verändert hat. Anand Giridharadas wurde als Sohn indischer Eltern in den USA geboren und verbrachte dort seine Jugend. Seine Verwandtschaft in Indien kannte er nur von Besuchen, zumindest so lange, bis er begann als Journalist in Indien zu arbeiten:*
   - *second-generation immigrant whose parents originate from India*
   - *his family falls into two distinct categories: the needy Indians and the generous Indians from the US*

   Der Eindruck, den der Journalist von Indien hat, veränderte sich über die Jahre sehr deutlich. Von einem rückständigen Land ohne Perspektive entwickelte sich das Land zu einem aufstrebenden Subkontinent, vor allem in den Herzen und Köpfen der Inder, aber auch in wirtschaftlicher Hinsicht:
   - *at first he simply thinks of India as a somewhat lost country*
   - *later India is presented as a country on the up and up*
   - *people become freer and (at least partly) overcome the caste system*

   Anand Giridharadas, a journalist for *The New York Times*, comes from an Indian family in the USA, where he was born and raised – a second-generation immigrant who perceives himself as being American. His parents originate from Mumbai and they still pay regular visits to their home country and their relatives. During Giridharadas' encounters with his uncles, aunts and cousins the Giridharadas family falls into two distinct categories: the needy Indians and the generous Indians from the US, who spread happiness in the form of various American products.
   At the beginning, Anand simply thinks of India as a somewhat lost country. First, it was lost on the globe, because it was of no importance to the United States and their people. And second, its people were lost because most of the citizens of India were confined to a poor and desperate life, subject to the constraints of the caste system.
   Later, however, the Indian subcontinent appears to have changed and the author's picture is more elaborated. India is now presented as a country on the up and up, especially as people are becoming freer and can – at least partly – overcome the caste system. They possess consumer goods and have the chance to become more affluent. The repercussions on Anand's American family are obvious: some of the reasons for their immigration to the United States have vanished into thin air. *(228 words)*

2. *Auf der Inhaltsebene stellt sich Indien in zwei völlig unterschiedlichen Weisen dar. Anfangs hat der Journalist nur ein schemenhaftes Bild, das sich lediglich aus seinen Besuchen ergibt. Während hier der Eindruck der Verzweiflung und Chancenlosigkeit dominiert, ändert sich das Bild später zum Positiven. Giridharadas gewinnt hier zudem differenziertere Einblicke, weil er selbst für längere Zeit in*

Indien lebt und arbeitet.
- *the old picture of India was first limited to Indian traditions? (l. 8) and bad news from relatives*
- *during his visits as a child the inequality between men and women in India and the inequality between Indian hosts and American visitors are perceived*
- *the new India is marked by an impressive modernisation that takes place both in the world of the economy and in the minds of the people*

Die Struktur des Artikels (Zweiteilung) spiegelt den Kontrast zwischen dem alten und dem neuen Indienbild des Autors wider:
- *the contrast becomes visible in the two parts of the main body of the article*

Zusätzlich wird in dem vorliegenden Text eine Vielzahl sprachlicher Mittel verwendet, die Emotionen und Bewertungen transportieren:
- *the change that has happened is conveyed by figurative language and stylistic devices (e. g. enumeration, symbols, repetition, references)*
- *the enumeration of what people would be if they lived in America emphasises the opportunities Indian people were missing (cf. ll. 25ff.)*
- *the repetition of the word "so-and-so" (ll. 26ff.) shows that the journalist is generalising his view*
- *a certain form of transculturalism becomes visible in the symbol of the "saffron and Kit Kat bars on a silver platter" (l. 9)*

For Anand Giridharadas India is a country whose paradise was lost, regained and – for him personally – lost again. That the author's view of India has changed significantly becomes visible in the two parts of the main body of the article. The idea that, at least in the eyes of the journalist, the people of the country have turned it into an aspiring entity is further conveyed by figurative language and stylistic devices (e. g. enumeration, repetition, references) that add to the emotional character of the narrative elements.

After a short introduction, in which the author's situation and his basic notion of India as a country on the move is depicted, Giridharadas continues by analysing India from a distance – the distance of a second-generation immigrant and an American visitor to the home country of his parents.

That Anand was detached from Indian life as a boy and during his adolescence but was still caught in Indian traditions is shown in how he depicts his first contact with his second culture: back then, it was limited to Indian traditions (cf. ll. 8/9) and bad news from relatives (cf. l. 7). However, a certain form of transculturalism, i. e. the intermingling of two cultures, becomes visible in the symbol of the "saffron and Kit Kat bars on a silver platter" (l. 9). The combination of gifts during a Sacred Thread ceremony already insinuates that Indian roots and American life have the same importance.

In the following, Anand explains the inequality between men and women in India, proven by the "chauvinism" (l. 12) of his uncles, and the inequality between Indian hosts and American visitors. For many years the concept of being 'American' is far superior to the concept of being 'Indian', even though Americans, of course, have also absorbed Indian elements into their culture, which is shown by the fact that trousers by Gap have the colour "khaki" – a word of Indian origin (l. 16). The American self-perception of the USA as a superior country and the idea of India lagging behind are transported by the metaphor of the "lower berth in the world" (ll. 20/21), which Anand refuses to accept when asked if is was Indian. To his mind, he is absolutely American, a person who is not locked into a narrow box (cf. l. 24) and thus confined to a similarly narrow concept of life. In the same paragraph the enumeration of what people would be if they lived in America (cf. ll. 25 ff.) emphasises the opportunities Indian people were missing when they stayed on in their home country. No matter who – generalised by the repetition of the word "so-and-so" (ll. 26 ff.) – had become an immigrant to the United States of America, they would have been better off.

In the second part of the main body of the text (ll. 32–63) a different India is described from within. Anand is faced with the challenge of getting rid of his outdated perspective and even though his "old lenses [are] still in place" (l. 37) he finally succeeds in perceiving crucial changes. India undergoes an impressive modernisation that takes place in the world of the economy and in the minds of the people, who have changed their attitude towards life – "dramatically" (l. 32) as the journalist emphasises. The more elevated status of lower castes is formalised by their diplomas, whereas the young cling to their mobile phones to boost their egos (cf. ll. 42/43). The economy has changed its face: now it is marked by modern agricultural businesses and car manufacturing. Microcredit loans (cf. l. 41) have been granted to help the poor develop self-sufficiency; but even though the country is on the threshold of a better life, it will take a long time for everybody to profit from that: "Trickle down, here more than most places, is slow" (l. 51).

The impact of India's development on the Giridharadas family is tangible in the final part of the article. Anand's mother especially is unsure whether emigrating from India was such a great idea after all. In fact, the new prosperity in India has brought about a phenomenon that pretty much resembles the psychological process that accompanies 'emigration': the people of the NEW India have developed what it takes to live up to their dreams – e. g. restlessness, ambition, personal targets (cf. l. 54). In contrast to Anand's parents, however, they can have their pursuit of happiness in their home country and without the effort of moving away in a physical sense. *(753 words)*

3.1 *Schätzen Sie hier selbst ein, ob der American Dream ein Lebensmodell für Indien darstellt. Dieser Lösungsvorschlag geht davon aus, dass dies in Teilen möglich ist und vor dem Hintergrund des Artikels bereits in Ansätzen passiert ist:*

- *better social permeability, personal aspirations and more freedom are principles that resemble moral and social patterns the US have always advocated*
- *the American Dream can be a model as far as individualism, the struggle for equality and economic strife go*
- *major changes need to be made to the dream (the exploitation of the majority of the population must be avoided, economic dependencies must be overcome)*

The article by Anand Giridharadas clearly shows that the American Dream can be closely related to the changes India has undergone from past to present: increasing equality – at least a better social permeability – and personal aspirations as well as more and more freedom resemble moral and social patterns the US have always advocated. That the journalist sees a strong connection between the two countries, of course, can either be seen as an automatism that is simply triggered by the history of his family or by the fact that the Americans have always tried to claim that they have a monopoly on "life, liberty, and the Pursuit of Happiness". Against this backdrop, we may need to ask ourselves if the Indians can actually build a new and better country.
The answer probably is: Yes, they can – at least partly. On the one hand, the American Dream could be a model for the nation-building of 21st century India as far as individualism, the struggle for equality and economic strife go. On the other hand, the major differences between the two countries account for a necessity of major changes to the dream.
Individualism will be possible for a small upper class and for a growing middle class. However, the latter will only come into existence if the distribution of wealth is somehow regulated. So far, the Indian economy has been characterised by a huge labour force and if the labour market is left to itself in an American way (i. e. without much government interference), this will most certainly lead to the exploitation of large parts of the population. For the marginalised workers the hope for an individual lifestyle may be nipped in the bud. In this case the struggle for equality could lead to riots and revolution, even though the Hindu religion has left its peaceful stamp on a greater share of the population.
Admittedly, we could argue that the US has not reached equality either (in fact their GINI coefficient, a measure of the inequality of wealth, is one of the worst amongst all industrialised countries), but India could lose its balance completely. Some will be very rich, while all the others will be extremely poor.
Whereas the Americans tend to confirm and renew their belief by means of their (short but successful) history, the people of India seem to be complete beginners: they have hardly had any experience with the concept of the self-made man and the conviction that everybody can make it big if they put enough effort into it. Another difference is that immigration to the US has constantly contributed to the renewal of the national myth. By contrast, immigration to India seems far out of place because the country is on the verge of overpopulation already. Additionally, India – unlike the US in the old days – possesses a fixed social structure which makes nation-building more complicated and maybe even daunting: international dependencies, which are rooted in the colonial past, still account for economic dependencies and are responsible for a greater part of the odious social layering.
All in all, creating a better country on the basis of the American Dream seems to be a difficult task for the Indian people. However, the major accomplishment of the American myth is a firm belief in a good life and this has been partly achieved already if we consider Anand Giridharadas's experience. *(561 words)*

3.2 *Achten Sie darauf, die formalen Kennzeichen eines privaten Schreibens einzuhalten (Datum, Anrede, Verabschiedung, Unterschrift). Der Stil sollte vertraut sein und das Amerikabild sollte von gewissen Vereinfachungen geprägt sein, da der Schreiber nicht in den USA lebt. Es ist auf jeden Fall sinnvoll, auch auf indische Traditionen und/oder Entwicklungen einzugehen – am besten diejenigen, die aus dem Zeitungsartikel hervorgehen:*

- *keep the form of a letter: "11/11/11", "Dear Anand", "All the best and take care, buddy", "Titir"*
- *choose a personal style: "You know her!!!", "What do you think?"*
- *refer to both countries: "a waiter in an American diner", "the Mets", "at Mumbai", "Shahrukh Khan"*

11/11/11

Dear Anand,

Hope this letter reaches you before your Thanksgiving celebrations. It must be a great thing to have with all those huge turkeys and table decorations. In fact, I had a dream a few nights ago in which I was a waiter in an American diner. I've had a similar dream before, but that one was about 'Spring Break' and 'Hooters'. I was staring at one of those Hooters' girls, suicide blond – unfortunately the dream turned into a nightmare when Mom came in, saw those women in their low-cut tops, and raised hell. You know her!!!
It's not a secret that I've never left India so far. I love the country but I never want to be as backward as my parents. In fact I have always admired your parents, and I also adored the gorgeous chocolate bars that you gave to me as a present once. Why couldn't it be my parents who dared to go away for good and live the American Dream?
Some of my friends have proper mobile phones, just like in the American movies or the commercials we see on TV. Actually I'd love to have an iPhone, an iPad and once in my life I'd like to see a Broadway show and the Mets in their new stadium (do you still have that girlfriend in Queens? ;-). As a matter of fact I will need a good job to pay for those things and I think that it is still much easier to find the right job in the US. At the US immigration service they told me that it should not be a problem for me to get a Green Card once I have finished my studies. The course I'm taking at Mumbai right now is "Computing and Business" and I know that there are similar courses in the US. What do you think? Could that be a chance for me to find a decent job in the US?
Even though things are getting better in India at the moment, you never know how long we can continue like that. If the boom is over one day, we'll be left with a few stupid dances in Bollywood movies. Well, Shahrukh Khan (he is still Mom's all-time favourite) also made it to the USA, didn't he? Even HE went where the success is. And I want to be there, too.

All the best and take care, buddy
Titir

(407 words)

Abiturprüfung NRW – Englisch Leistungskurs 2012
Aufgabe 1

Aufgabentyp: *Literarischer Text (Drama), analytisch-interpretierende Textaufgabe mit anwendungs-/produktionsorientierter Aufgabenstellung*
Unterrichtsinhalte: *Shakespeare – a literary "giant" in the 21st century, Elizabethan theatre*

William Shakespeare: A Midsummer Night's Dream

Shakespeare's comedy A Midsummer Night's Dream *is about four young lovers who fall in and out of love with different partners before they sort out their relationships and marry at the end of the play: Lysander to Hermia, Demetrius to Helena. Act II, Scene 1 is set in the forest to which Lysander and Hermia have run away because her father objects to their union. Demetrius and Helena have followed them for reasons that become apparent in the following scene, their first appearance in the forest:*

Enter DEMETRIUS, HELENA *following him*

DEMETRIUS I love thee not, therefore pursue me not.
Where is Lysander, and fair Hermia?
The one I'll slay, the other slayeth me.
Thou told'st me they were stol'n unto this wood,
And here am I, and wood within this wood
Because I cannot meet my Hermia.
Hence, get thee gone, and follow me no more.
HELENA You draw me, you hard-hearted adamant!
But yet you draw not iron, for my heart
Is true as steel. Leave you your power to draw,
And I shall have no power to follow you.
DEMETRIUS Do I entice you? Do I speak you fair?
Or rather do I not in plainest truth
Tell you I do not, nor I cannot love you?
HELENA And even for that do I love you the more.
I am your spaniel; and, Demetrius,
The more you beat me I will fawn on you.
Use me but as your spaniel: spurn me, strike me,
Neglect me, lose me; only give me leave,
Unworthy as I am, to follow you.
What worser place can I beg in your love
(And yet a place of high respect with me)
Than to be used as you use your dog?
DEMETRIUS Tempt not too much the hatred of my spirit;
For I am sick when I do look on thee.

HELENA And I am sick when I look not on you.
DEMETRIUS You do impeach your modesty too much,
To leave the city and commit yourself
Into the hands of one that loves you not;
To trust the opportunity of night,
And the ill counsel of a desert place,
With the rich worth of your virginity.
HELENA Your virtue is my privilege: for that
It is not night when I do see your face,
Therefore I think I am not in the night;
Nor doth this wood lack worlds of company,
For you, in my respect, are all the world.
Then how can it be said I am alone
When all the world is here to look on me?
DEMETRIUS I'll run from thee and hide me in the brakes,
And leave thee to the mercy of wild beasts.
HELENA The wildest hath not such a heart as you.
Run when you will: the story shall be changed;
Apollo flies, and Daphne holds the chase,
The dove pursues the griffin, the mild hind
Makes speed to catch the tiger – bootless speed,
When cowardice pursues and valour flies!
DEMETRIUS I will not stay thy questions. Let me go;
Or if thou follow me, do not believe
But I shall do thee mischief in the wood.
HELENA Ay, in the temple, in the town, the field,
You do me mischief. Fie, Demetrius,
Your wrongs do set a scandal on my sex!
We cannot fight for love, as men may do;
We should be wooed, and were not made to woo.

[Exit Demetrius]

I'll follow thee, and make a heaven of hell,
To die upon the band I love so well. *Exit*

(503 words)

From: William Shakespeare, A Midsummer Night's Dream, *hrsg. von R. A. Foakes, Cambridge: CUP, 1984, p. 69–71 (2.1.188–2.1.244)*

Annotations:
l. 4 *stol'n: here* escaped
l. 5 *wood:* violently angry
l. 7 *Hence:* away from here
l. 8 *adamant:* a magnet
l. 10 *Leave you:* give up
l. 19 *Neglect: here* ignore
l. 19 *give me leave:* allow me
l. 27 *impeach your modesty:* call in question your chastity
l. 31 *ill counsel of a desert place:* evil ideas that come to mind in a deserted place
l. 33 *privilege*: guarantee

l. 33 *for that:* because
l. 37 *in my respect:* as far as I am concerned
l. 40 *brakes:* bushes
l. 44 *Apollo flies, and Daphne holds the chase:* in Greek mythology Daphne, a woman, is wooed and pursued by the male God Apollo.
l. 45 *griffin:* fabulous animal, a lion with an eagle's head and wings
l. 46 *bootless:* useless
l. 48 *stay thy questions:* wait to listen to your arguments
l. 50 *But I shall:* that I will not
l. 50 *mischief:* harm, *here also* rape
l. 51 *Ay:* yes
l. 53 *Your wrongs do set a scandal on my sex!:* your lack of respect for me is an insult to all women

Aufgabenstellung Punkte

1. Point out what we learn about Helena and Demetrius's situation, their relationship in this scene, and behaviour towards each other. *(Comprehension)* 16

2. Analyse the relationship between the characters, the way they express their feelings and their attitudes towards each other. *(Analysis)* 24

3. Choose **one** of the following tasks:

3.1 Discuss whether Shakespeare's representations of gender roles and relationships are still relevant to today's audiences. Consider the extract as well as other Elizabethan texts you know. *(Evaluation: comment)* 20

3.2 During a class trip to London your class watches a performance of *A Midsummer Night's Dream*. After the play you interview the director for your school yearbook. Write the interview in which you critically discuss the relevance of Shakespeare for an audience of young adults. Refer to the scene from *A Midsummer Night's Dream* as well as other Elizabethan texts you know. *(Evaluation: re-creation of text)* 20

Lösungsvorschläge

1. *Die Aufgabenstellung nennt die Situation die Beziehung und das Verhalten von Helena und Demetrius als zentrale Aspekte. Diese sollten Sie entsprechend abarbeiten:*

   Die Situation, dass die beiden Charaktere bei Nacht durch den tiefen Wald laufen, resultiert vor allem daraus, dass Demetrius Hermia folgt, während Helena in Demetrius verliebt ist.
   - *Demetrius and Helena walk through the woods*
   - *he has decided to follow his love, Hermia, who has fled together with his rival, Lysander, and Helena has decided to follow Demetrius*
   - *dark night encompasses the scene*

   Die Beziehung ist aufgrund der Ausgangskonstellation spannungs- und konfliktgeladen:
   - *the atmosphere between the two characters is tense and the relationship becomes more and more critical*

   Das Verhalten ist entsprechend negativ, wirkt teils fast ein wenig aggressiv:
   - *the characters converse heatedly, express their pain, contradict each other, and strongly appeal to the other one*
   - *Helena is threatened with being left all alone in the dark forest*

   At the beginning of the second act of Shakespeare's comedy "A Midsummer Night's Dream", Demetrius and Helena walk through the woods. This is owing to the fact that Demetrius has decided to follow his love, Hermia, who has fled together with his rival, Lysander, and Helena has decided to follow Demetrius. It is obvious that – against all Elizabethan conventions – she is the one who is actively trying to win the heart of the other. The atmosphere between the two is tense, owing to the fact that they seem to be in love with the wrong people – or at least because their preferences are not compatible. The situation is made worse by the dense woods that surround them and by the dark night that encompasses the scene. After Demetrius' love for Hermia, Helena's love for Demetrius, Helena's active pursuit of Demetrius, and the resulting conflict have been exposed, their relationship starts to become more and more critical: she first confesses her love one more time, is once again denied, and is then threatened with being left all alone in the dark forest in imminent danger of being devoured by wild animals while facing the final loss of the person she is so deeply in love with. In the course of the conflict the characters discuss vividly, express their pain, contradict each other, and strongly appeal to the other one. However, all the harshness in Demetrius' behaviour and his determination that he does not love Helena do not keep her from still believing that one day her dream will come true. *(259 words)*

2. *Da Sie die Beziehung zwischen den beiden Charakteren kaum analysieren können, ohne auf die Darstellung ihrer Gefühle und Einstellungen Bezug zu nehmen, macht es Sinn, zunächst den Zusammenhang zwischen diesen Aspekten grob zu umreißen:*
   - *the relationship between the two characters seems to be excessively disturbed, which can be seen in the figurative speech and the appealing character of the dialogue*
   - *it inverts Elizabethan gender roles, which becomes obvious in Helena's active approach and in Demetrius' strict and direct rebuffs*

   Danach sollten Sie sich den Einzelaspekten der Reihe nach widmen und den Text Stück für Stück untersuchen. Im folgenden Beispiel werden nacheinander Symbole und Metaphern, rhetorische Fragen, Ausrufe, Aufzählungen, Kontraste und ein Oxymoron erläutert, weil es der Reihenfolge ihres Erscheinens im Text entspricht:
   - *symbols emphasize the depth of Demetrius' love but also his firmness, his perseverance and his strength*
   - *Helena takes action and makes an approach to Demetrius which contradicts the rules of the Elizabethan age and thus overcomes social restraints*
   - *yet she depicts herself as weak but faithful to Demetrius, which becomes obvious in the metaphor of the dog*
   - *Demetrius tries to prove his innocence by means of rhetorical questions but still acts against basic humane and social rules*
   - *the enumeration of the (mis-)treatments Helena is willing to accept (ll. 17–19) can be seen as another confession of her love*
   - *the oxymoron in line 41 proves that the situation is becoming rather dangerous for Helena*

The relationship between the two characters seems to be excessively disturbed, which can be seen in the figurative speech and the appealing character of the dialogue. The disturbances mainly result from the reversal of gender roles that is inherent in Helena's active approach and in Demetrius' strict and direct rebuffs. Feelings and attitudes towards the other person are expressed by the use of symbols and metaphors, rhetorical questions and exclamations, of enumerations, contrasts and oxymorons, for example:
At the beginning, Demetrius' love for Hermia is shown by his announcement that he will "slay" (l. 3) his rival, Lysander, for fleeing with the woman he, Demitrius, also adores. Then the verb "slay" is also employed to show the deep impact his love has on him: in fact, the reason why he is so determined to follow the couple is that his devotion has "slayed" him in a metaphorical sense (l. 3). Against the backdrop of this exaggerated portrayal of his unrequited love for Hermia, it seems to be self-evident and understandable that during his pursuit he would see himself as being "wood within this wood" (l. 5) – a description that emphasizes his anger but possibly also symbolizes his firmness, his perseverance and maybe also his strength on a metaphorical level. In contrast, Helena depicts herself as being weak but faithful to Demetrius, which becomes obvious in the

metaphor of the dog, the "spaniel" (l. 16), that reliably clings devotedly to its master, ready to take his blows, which are at least some form of attention and maybe even conceal some affection. The metaphorical characterization of Demetrius is complete from line 34 onwards: Here, he is equated with a shining star or moon that lights up the night and gives Helena everything she needs. In a nutshell, he is "all the world" to her (l. 37).

Following this, the conflict with Helena starts to erupt when she calls him a "hard-hearted adamant" (l. 8) – a tautological and derogative term that emphasizes his hardness and which is exclaimed heated. Demetrius tries to prove his innocence by means of rhetorical questions that serve to show that his attitude towards Helena has not changed but that it has always been her initiative which – at least so far – has led them into a dead-end.

The enumeration of the (mis-)treatments Helena is willing to accept (ll. 17–19) can be seen as another confession of Helena's love and thus leads to a rather harsh reaction on the part of Demetrius, which again does not comply with Elizabethan conventions in its directness. Here he goes as far as to use the word "hatred" (l. 24), which, of course, forms a strong contrast to Helena's confession and marks a complete breach of the social rules at the time the play was written. The contrast, then, is even furthered by the opposition of his claim that he feels sick when he sees her and her claim that she feels sick when she does not (ll. 25/26). Altogether, the rising conflict seems to show that love cannot be proven by finding arguments for it and neither can it be washed away by arguments against it.

When the struggle begins to reach its climax, the cruelty in Demetrius' behaviour is shown by his threat to desert her in the dark woods – a rather dangerous situation for a lady, as the oxymoron in line 41 proves: in fact, there is no chance that the wild beasts around would show mercy when approaching helpless prey such as Helena. In her reply, however, Demetrius is also equated with a wild beast – he is depicted as "the griffin" (l. 45) or "the tiger" (l. 46) that is trying to hunt down Hermia. This again shows his cruel determination but it also seems to offer a faint hope: if Helena, who metaphorically describes herself as "the dove" and the "mild hind" (ll. 45/46), can actually reverse the situation by pursuing the wild animal of prey (ibid), it is proven that seemingly impossible things may indeed happen. And maybe one day this will even hold true for Demetrius and Helena.

(681 words)

3.1 *In der Diskussion können Sie Position beziehen, ob Shakespeares Darstellung von Beziehungen und Rollenverhalten heute immer noch eine hohe Bedeutsamkeit besitzt oder nicht. Auf jeden Fall müssen Sie hierbei die Aspekte dafür und dagegen abwägen. Achten Sie also besonders auf die häufige Verwendung von Einräumungen („admittedly", „if") und Gegensätzen („however", „even though", „on the other hand").*

Im Lösungsbeispiel wird als Ergebnis formuliert, dass Shakespeares Texte im-

mer noch relevant sind, obschon sich die Konvention und Gebräuche ebenso geändert haben wie das Rollenverhalten von Männern und Frauen. Ihnen steht es natürlich völlig frei, zu einem anderen Urteil zu gelangen, solange Sie die verschiedenen Dimensionen darstellen:
- *admittedly, the relevance is partly owing to the many different forms of relationships in Shakespeare's plays*
- *however, most of the plays also share rather general aspects of male/female relationships*
- *rivalry, courtship and conflicts still exist as part and parcel of love*
- *men are ready to fight for their honour or for the one they love*
- *men and women try to impress each other with their wit and their sharp tongue*
- *love also motivates the bad and jealous to take action*

Auch im Hinblick auf das Rollenverhalten gilt es, das Für und Wider zu betonen:
- *today's women have obtained a more prominent and equal position in society*
- *however, the seemingly weak Shakespearean lady in the background is usually very powerful*

The relationship between men and women which is described by William Shakespeare is still highly relevant today even though some of the gender-specific characteristics have certainly changed over the centuries.
Admittedly, the relevance is partly owing to the many different forms of relationships – note, for example, the variety that can be found in "A Midsummer Night's Dream", "Much Ado About Nothing" or "Romeo and Juliet". If enough examples of relationships have been thought up, one may argue, it is almost inevitable that some minor aspects will prevail. However, most of the plays also share more general aspects of male/female relationships, such as courtship, crisis or conflict as well as complete, utter and eternal devotion, which are still part and parcel of every love story today.
Of course, the examples of courtship follow old traditions and conventions, which have changed, but in many cases the key elements are still preserved, as can be seen in the following examples: First, the active role of women in the initial phase of a relationship, which is strongly represented by Helena's pursuit of Demetrius, seems much more appropriate for our modern age than for the time it was written. Today it is perfectly normal for women to self-confidently choose an active way of fighting for their love. However, as in Shakespeare's play, this may or may not be successful. Second, there is still open male rivalry: even though it contradicts our enlightened concept of life, fist-fights between men still occur in the new millenium – they may no longer use a sword or a sabre, but the message is basically the same. Men are ready to fight for their honour or for the one they love. Third, courtship back then and flirting today both include making compliments and teasing each other, like Benedick and Beatrice do in "Much Ado About Nothing". Men and women try to impress each other with their wit and their sharp tongue while commenting on the potential partner and the people around, or by expressing their opinions about current events or society in gen-

eral. Sounds familiar? Yes, indeed, that is what we try to do on Facebook, too. Not even here can successful flirtation be reduced to pressing the "LIKE" button. Fourth, conflicts between lovers and their surroundings also occur almost inevitably in today's scenarios and maybe Shakespearean plays can help teach those involved that love can overcome hostility and social restrictions. In fact, love is a magical thing which does as it pleases (unless we find a crafty way of influencing it to our advantage). On the one hand, this means that love is still stronger than death or any limit set by society. Cupid's arrow can turn the darkest night into day. On the other hand, love also motivates the bad and jealous to take action. Tricking people into unfortunate situations (comparable to Don John's plan to fling dirt at Hero) that put an end to their love or vilifying them are still common phenomena. Insulting or bullying people for such reasons is still widespread.

At first glance, Shakespearean gender roles can certainly be called traditional in that the man is in the public focus and the (seemingly weaker) woman stands behind him. In contrast, today's women have obtained a more prominent position in society and equality has been largely achieved, even though some feminists might still think otherwise. However, the Shakespearean lady in the background is usually very successful at pulling the right strings and using her weakness or victimization as her strength. In "Much Ado About Nothing", for example, Shakespeare takes it so far as to create the impression that Hero is dead, which arouses qualms in Claudio, who has publicly disgraced her, and helps Hero to win his heart (back) later. The victimisation of the female character, here, is just a pretence, which hints at the fact that women in Shakespeare's plays do not play an inferior part either. They persevere and one day they will get what they want … *(666 words)*

3.2 *Bei der Erstellung dieses Interviews zwischen dem Regisseur und der Schülerin geht es hauptsächlich um zwei Dinge. Zum einen sollte Ihr Text glaubhaft sein, also der Situation und dem Hintergrund der beteiligten Personen entsprechen:*

- *introduce the participants directly or indirectly ("Franzi from the Friedrich Schiller comprehensive school in Münster in Germany"; "(thanks for) staging the play so brilliantly, Mr De Lillo")*
- *follow the rules of an interview by asking questions, giving people time to reply and reacting to the statements made ("Do you still consider […]?"; "But is that true […]?")*
- *pay attention to the different backgrounds of the student and the director ("You mean, for example, […]?"; "sorry"; "I certainly appreciate that young people are still interested …")*

Darüber hinaus sind Bezüge zu der Aufführung notwendig und auch explizit verlangt:

- *refer to the script of the play ("I'm wood in the woods")*
- *refer to the performance ("I especially liked the performance of Lysander")*

FRANZI: Hello, Mr De Lillo. My name is Franzi and I'm from the Friedrich Schiller comprehensive school in Münster in Germany. We are extremely happy that you have made time to give us an interview for our yearbook.

DE LILLO: Hello, Franzi. I'm more than willing to talk to you because I certainly appreciate that young people are still interested in theatre and especially in the Bard.

FRANZI: Why does everybody call William Shakepeare "the Bard", Mr De Lillo? That was the first thing that struck me and my classmates because our teacher hardly ever used that word.

DE LILLO: Well, I suppose that is owing to the unique position that he has among all those English playwrights and poets – at least for the British. He is the one. Full stop.

FRANZI: Do you still consider him "the one" when it comes to young people and what they like?

DE LILLO: Admittedly, our – meaning your and my – interest in the Bard isn't shared by all of the young generation, which is both a matter of changes in interest and in language. Even though the scenes of Shakespearean plays depict situations, feelings and fruitful recognition that are still completely relevant today, young people simply don't go to the theatre often enough to get a good taste of it. *(Pauses)* … Theatre is like joyful cooking and eating, you know. If you are only used to gobbling down burgers, you will have no appreciation of a five star meal. You'll know that from home: it's all Bratwurst and Big Mac, isn't it? Additionally, the Bard uses language so artfully and in such an intriguing way that an adequate command, or at least a good enough perception, of that language is necessary for you to have fun. How can you like something if you only understand half of it?

FRANZI: But is that true for British students, too?

DE LILLO: Admittedly, it is probably harder for students who are non-native speakers of English but even for our schoolkids "Early Modern English" is something like a second language, especially when it comes to understanding puns or complex metaphors …

FRANZI: You mean, for example, phrases like "I'm wood in the woods"?!

DE LILLO: *(with much emphasis)* "And here I am, and wood within this wood".

FRANZI: Sorry.

DE LILLO: No need to apologize. From your question I understand that you have grasped the double meaning, which is truly amazing *(smiles)*.

FRANZI: Well, to be perfectly honest we had talked about the play in class before we watched it … and then it was really good. I especially liked the performance of Lysander.

DE LILLO: Yes, undoubtedly the actor is a very talented one. And extremely good-looking, too, right?

FRANZI: Well … *(she blushes)*.

DE LILLO: Luke Stalls is his name. However, it's not a secret that he is gay and he is very open about it as well – sorry to say. You know, we receive buckets of letters from young girls – even younger than you are – who have fallen hopelessly in love with him, or maybe rather with the role he is playing. It's part of the comedy that Lysander represents character traits like charm and wit and attractiveness and passion and so I suppose we can say that most of those ladies have fallen in love with the Bard himself, rather than with Luke Stalls.

FRANZI: Yes, that is certainly true for most of today's audience. At least as far as the pupils from the Schiller school are concerned. So thank you very much for opening up that opportunity for us by staging the play so brilliantly, Mr De Lillo. And for the interview, of course.

DE LILLO: You are more than welcome. All the best to you and your classmates: auv wiedersän und viele gute.

FRANZI: "Auf Wiedersehen", Mr De Lillo. Take care. *(641 words)*

Abiturprüfung NRW – Englisch Leistungskurs 2012
Aufgabe 2

Aufgabentyp: *Sach- und Gebrauchstext (Kommentar der internationalen Presse); Textaufgabe mit analytisch-interpretierendem Schwerpunkt; alternativ mit anwendungs-/produktionsorientiertem Schwerpunkt*
Unterrichtsinhalte: *Globalization – global challenges*

Only Connect

by Richard Stengel

Since 1927, the US magazine TIME *has selected as* Person of the Year *a person, group, idea etc. that "has done the most to influence the events of the year". The choice for 2010 was Mark Zuckerberg, the founder of "Facebook". The following editorial explains this choice.*

"On or about December 1910, human character changed."
– Virginia Woolf, 1924

She was exaggerating – but only a little. Woolf saw a fundamental shift in human relations taking place at the beginning of the 20th century "between masters and servants, husbands and wives, parents and children." Those changes, she predicted, would bring about transformations in every sphere of life, from religion to politics to human behavior. Few would say she got it wrong.

A century later, we are living through another transition. The way we connect with one another and with the institutions in our lives is evolving. There is an erosion of trust in authority, a decentralizing of power and at the same time, perhaps, a greater faith in one another. Our sense of identity is more variable, while our sense of privacy is expanding. What was once considered intimate is now shared among millions with a keystroke.

More than anyone else on the world stage, Facebook's Mark Zuckerberg is at the center of these changes. Born in 1984, the same year the Macintosh computer was launched, he is both a product of his generation and an architect of it. The social networking platform he invented is closing in on 600 million users. In a single day, about a billion new pieces of content are posted on Facebook. It is the connective tissue for nearly a tenth of the planet. Facebook is now the third largest country on earth and surely has more information about its citizens than any government does. Zuckerberg, a Harvard dropout, is its T shirt-wearing head of state.

Evolutionary biologists suggest there is a correlation between the size of the cerebral neocortex and the number of social relationships a primate species can have. Humans have the largest neocortex and the widest social circle – about 150, according to the scientist Robin Dunbar. Dunbar's number – 150 – also happens to mirror the average number of friends people have on Facebook. Because of airplanes and telephones and now social media, human beings touch the lives of vastly more people than did our ancestors, who might have encountered only 150 people in their lifetime. Now the possibility of connection is accelerating at an extraordinary pace. As the great biologist E. O. Wilson says, "We're in uncharted territory."

All social media involve a mixture of narcissism and voyeurism. Most of us display a combination of the two, which is why social media are flourishing faster and penetrating deeper than any other social development in memory. Social media play into the parts of human character that don't change, even while changing the nature of what once seemed immutable.

Like two of our runners-up this year, Julian Assange and the Tea Party, Mark Zuckerberg doesn't have a whole lot of veneration for traditional authority. In a sense, Zuckerberg and Assange are two sides of the same coin. Both express a desire for openness and transparency. While Assange attacks big institutions and governments through involuntary transparency with the goal of disempowering them, Zuckerberg enables individuals to voluntarily share information with the idea of empowering them. Assange sees the world as filled with real and imagined enemies; Zuckerberg sees the world as filled with potential friends. Both have a certain disdain for privacy: in Assange's case because he feels it allows malevolence to flourish; in Zuckerberg's case because he sees it as a cultural anachronism, an impediment to a more efficient and open connection between people.

At 26, Zuckerberg is a year older than our first Person of the Year, Charles Lindbergh – another young man who used technology to bridge continents. He is the same age as Queen Elizabeth when she was Person of the Year, for 1952. But unlike the Queen, he did not inherit an empire; he created one. (The Queen, by the way, launched a Facebook page this year.) Person of the Year is not and never has been an honor. It is a recognition of the power of individuals to shape our world. For connecting more than half a billion people and mapping the social relations among them (something that has never been done before); for creating a new system of exchanging information that has become both indispensable and sometimes a little scary; and finally, for changing how we all live our lives in ways that are innovative and even optimistic, Mark Elliot Zuckerberg is TIME's 2010 Person of the Year. *(748 words)*

From: Richard Stengel, "Only Connect", in: TIME, *December 15, 2010*
http://www.time.com/time/specials/packages/article/0,28804,2036683_2037181_2037179,00.html
(25. 04. 2011)

Annotations:
- l. 2 *Virginia Woolf (1882–1941)*: English novelist
- l. 23 f. *cerebral neocortex:* part of the human brain playing a key role in memory, attention, thought, language and consciousness
- l. 25 *Robin Dunbar (b. 1947):* British anthropologist and evolutionary psychologist
- l. 30 *E. O. Wilson (b. 1929):* American biologist
- l. 36 *Julian Assange (b. 1971):* Australian journalist, publisher and internet activist; spokesman and editor-in-chief of WikiLeaks, a website publishing documents that governments wish to keep secret
- l. 36 *Tea Party:* right-wing, populist movement in American politics
- l. 47 f. *Charles Lindbergh (1902–1974):* pilot of the first non-stop transatlantic flight in 1927

Aufgabenstellung Punkte

1. Outline the main characteristics of social networks like "Facebook" as presented in the text. *(Comprehension)* 16

2. Explain how Stengel tries to convince the readers of TIME's choice of Zuckerberg as *Person of the Year*. Consider structure, communicative strategies and stylistic devices. *(Analysis)* 24

3. Choose **one** of the following tasks:

3.1 Richard Stengel claims that social media such as "Facebook" change "our lives in ways that are innovative and even optimistic" (ll. 56 f.). Discuss this view, taking into account your experiences with today's social media. *(Evaluation: comment)* 20

3.2 As an exchange student at an American college, you have been invited to a panel discussion on the chances and risks of social media such as "Facebook" in a globalized world. Write your opening statement. *(Evaluation: re-creation of text)* 20

Lösungsvorschläge

1. *Gemäß der Aufgabenstellung sollten Sie hier die zentralen Charakteristika von sozialen Netzwerken erläutern. Am besten ist es, Sie listen die Einzelaspekte zunächst auf (hier: Innovationskraft, soziale Auswirkungen und Ausbildung eines neuen Lebensstils), um sich dann jedem einzelnen Gesichtspunkt zu widmen:*
   - *the importance of the new technology shows in the enormous number of users and the friendships which have been made in social networks*
   - *on a social level it helps to take power away from the authorities and give it back to the people who can easily organize themselves*
   - *by posting texts, pictures, sound and videos, the user is an active representative of a new lifestyle that mirrors basic human traits*

Richard Stengel's editorial for Time Magazine depicts social networks with regard to their innovative significance, their social impact and way they change our lifestyle.
The importance of the new platform technology and its layout can be seen by looking at the enormous number of 600 million users (at the time the article was published) for whom it offers the opportunity to share their latest experiences and almost their whole lives, with an average number of 150 "friends" – a term that should probably be put in inverted commas, even though the journalist does not do so in his article. The social impact that is ascribed to Facebook is certainly seen as a transformation: from the perspective of the journalist, it helps to take some power away from the authorities and give it back to the people. They now have the chance to form their own groups and thus to exert both their free will and a certain form of political power. To the author, the change in lifestyle

that is brought about, too, is a purely positive one. By posting texts, pictures, sound and videos, the user is an active, and, indeed, integral part of a new world. A new lifestyle is being created – an attractive lifestyle that also mirrors basic human traits like narcissism and voyeurism. Living on platforms in computer networks – according to Stengel – has already outcompeted the old forms of living together by far. In a word: Facebook is "indispensable". *(242 words)*

2. *Die Aufgabenstellung gibt Ihnen bereits vor, dass der Autor seine These mithilfe der Textstruktur, der kommunikativen Strategie und verschiedenen stilistischen Mitteln untermauert. Die Struktur ist klar und lässt sich in verschiedene Teile gliedern, die alle auf ihre Weise zur Botschaft des Editorials beitragen:*
   - *the introduction consists of references to the past and the present*
   - *Zuckerberg's importance is proven by the worldwide impact of Facebook*
   - *the significance of social networks is described and explained by relating them to scientific findings from other fields of research*
   - *Stengel continues by comparing Zuckerberg to other famous people*

   Der Kommunikationsstil ist sehr bestimmend und darauf ausgerichtet, den Leser von oben herab mit selektiven Informationen und Behauptungen zu konfrontieren:
   - *the communicative style can be considered to be strongly hierarchical*

   Als Stilmittel setzt Stengel sehr zielgerichtet Euphemismen, Zahlen und Fakten, Bezüge und Vergleiche ein.
   - *the euphemisms used show the positive side of the current transition*
   - *statistical figures prove its significance*
   - *references to evolutionary biology help to equate Facebook membership and thus Facebook with an evolutionary step in its own right*
   - *the comparisons made in the text show Zuckerberg's importance compared to other great award winners*

In order to convince the readers of Time magazine that Mark Zuckerberg was the best (if not only) choice as Person of the Year 2010, the journalist employs a clear structure with an introduction, a main part (which includes various examples and references) and a conclusion. Additionally he uses a strong, positive style and employs various stylistic means, such as euphemisms, statistical figures, references and comparisons.

The introduction consists of references to the past and the present. First, he quotes Virginia Woolf, who – back in 1924 – claimed that "human character (has) changed" and predicted consequent transitions (ll. 5 ff.). Then Stengel goes on to prove her right when he shows that life is still changing: and, needless to say, he suggests that today's transformations originate from Facebook, THE network of global impact, and his award-winning inventor. In the following paragraphs he describes and explains the significance of social networks further by relating them to scientific findings from other fields of research (i. e. biology and sociology). After drawing on other disciplines, Stengel continues by com-

paring Zuckerberg to other famous people that have been awarded the title "Person of the Year" by Time Magazine and finally draws the conclusion that Zuckerberg is the right choice because he is already part of human history.
The style of the article is extremely apodictic and hubristic, which gives the impression that there is a strong conviction underlying it. This can easily be shown by the fact that there is not a single question asked within the sequence of statements the journalist has compiled. The selective information given by Richard Stengel hardly leaves any room for him to question himself, his attitude or Mark Zuckerberg. Hence, the communicative style can, on the one hand, be considered to be strongly hierarchical – the text is a mere confrontation of the reader with seemingly objective facts presented by a seemingly high authority. On the other hand, the reader is frequently included by Stengel's use of personal pronouns (e. g. ll. 8, 31, 56).
The persuasive effect that both structure and communicative strategy have on the reader is strengthened by the formal devices used. That Zuckerberg is actually the right choice is stressed by the euphemisms used to present the transition he has brought about in a very positive way. The new world is marked by a "decentralizing of power" (l. 10) and the fact that "our sense of privacy is expanding" (ll. 11/12) – the fact that everybody reveals all the secrets of their private lives to a vast number of network members is given a positive meaning because both "privacy" and "expanding" are positively connotated. The allegedly beneficial consequences are attributed to everybody involved – even the reader is included in the personal pronoun "our" (ibid). The use of facts and figures (e. g. ll. 17, 24), however subjective they may be, serves to underline Zuckerberg's importance and helps to depict him as the genius of a generation. In Stengel's words, "he is both a product of his generation and an architect of it" (l. 16). The potential idea that the power of this architect could also pose an imminent threat to the world – especially because it brings about the danger of data misuse – is nipped in the bud before it can actually come to the reader's mind. From the journalist's perspective, Zuckerberg should be considered harmless, which is symbolized by the T-shirt he usually wears (l. 21). In short, there is no need for a critical perspective.
The references to evolutionary biology, which are made in the following, help to equate Facebook membership and thus Facebook with an evolutionary step in its own right. Again a "great" (l. 30) person is referred to in order to make the author's stand more believable. Stengel also reverts to the commonplaces of psychology: nobody would doubt that narcissism and voyeurism are part of the human soul. Consistently Stengel succeeds in claiming that social media fit our character very well, but again this is a biased conclusion that shys away from any form of criticism.
The comparisons which are used in the text serve to show Zuckerberg's comparability to other great award winners such as Charles Lindbergh, the personification of the American spirit of freedom and courage and a man who was also able to create bridges between continents and people. Compared to the Queen he is even presented as superior because he is characterized as a self-made man:

"unlike the Queens, he did not inherit an empire; he created one". The negation and the parallel sentence structure, of course, serve to stress the contrast. However, the most impressive comparison he makes is with Julian Assange, the opposite side of "the same coin" (l. 38). Assange is ascribed the same positive traits but is still portrayed as the bad guy. In contrast, Zuckerberg's positive nature is shown: he does not court disaster but simply wants to live in a "world filled with potential friends" (l. 44).

In the conclusion Stengel cannot help conceding that the "indispensable" network is "sometimes a little scary" (l. 55). Yet not only is the threat limited by the words "sometimes" and "little" but it is also considerably watered down by this concluding apodictic statement that Time magazine's Person of the Year has turned the world into something "innovative and even optimistic" (ll. 56/57).

(886 words)

3.1 *Die Zielrichtung Ihrer Diskussion ist völlig Ihnen selbst überlassen, allerdings macht es Sinn, die zu diskutierende Aussage aufzugreifen und von mehreren Seiten zu betrachten. Die Beispiellösung geht davon aus, dass Facebook tatsächlich zu Innovation und Optimismus führen kann, aber dass es fast immer auch negative Nebeneffekte gibt:*

- *online presence shows the willingness to express oneself but can also result from group pressure*
- *people are offered the chance to form a group, to exchange and elaborate on their ideas*
- *however, verdicts are often not justified by logical argument or reasoning*
- *the optimistic attitude that is furthered by Facebook communication frequently leads nowhere*

Insgesamt gilt es also, vorsichtig mit sozialen Netzen umzugehen und dadurch ihre Vorteile auszunutzen, ohne dass ihre Nachteile übermächtig werden:

- *if handled with care, Facebook can add to an innovative and optimistic life*

There is no doubt that life on Facebook is "innovative and optimistic". In many ways fictitious life and real life merge into a "feel-good" cluster of happiness and exchange. It is obvious that it works in such a way for the many people who use it, but we still need to ask if it actually offers the kind of optimism and innovation that we should target – both as individuals and as a society.

First of all, Zuckberg's own power to innovate can indeed be considered astonishing: he has changed something by elaborating on a brilliant idea, but that does not necessarily mean that Facebook members share the same innovative power, which is at least insinuated by Stengel's editorial. The hope that there is innovation on the part of the user is, for the most part, a pipe-dream. Most people's contribution to the Facebook community is, to my mind, mainly owing to an urge to be online and part of the network. Posts are formulated so that the members are present online, but the willingness to express themselves is just one side of the coin, as Stengel would probably have put it. The dark side is that this be-

haviour also originates from group pressure and the idea that the sheer quantity of friends can make you a better person. Sometimes, chatting and posting on the Net can be fruitful, such as in the Facebook community that deals with our A-level celebrations in Germany – Abimania 2012. The members have used the opportunity to form a group, to exchange and elaborate on their ideas – a successful joint venture of true democracy and party power.
If people do not have a common target, however, the quality of statements deteriorates rapidly. Verdicts are often not justified by logical argument or reasoning but by the number of followers. And how, we might add, can a follower be innovative?
Optimism that goes beyond posts like "Great night out", "Thanks for the beer, Joe" and "Looking forward to seeing you again, Lisa" is very much out of place. The optimistic attitude that is more or less required to take part in most Facebook communications frequently leads nowhere – at least not in terms of relationships. Of course, friends on the social networks can be transformed into friends in real life and vice versa, but unfortunately this is a fairly rare case (maybe, as rare as true friends are in general ...). This experience results in a sad realisation: most of the platform communication is useless in the long run. It's just a waste of time and resources.
To sum up: if handled with care, Facebook, or other social networks like ICQ etc., can add to an innovative and optimistic life, but the Net can also be a hide-out from the rest of the world and a cave from which we perceive the shadows from the outside. Yet the fear that we are missing out on the real world because we are bound to or consumed by a certain scenario is an old one, which has been depicted by Plato's parable some 3,000 years ago. Mark Zuckerberg and Facebook cannot be held responsible. *(523 words)*

3.2 *Achten Sie bei der Gestaltung der Diskussion unbedingt darauf, sich auf das Szenario der „Panel Discussion" zu beziehen und die Aussagen des Gastschülers an dessen Situation anzupassen. Entscheidend für die Benotung Ihrer Antwort ist weniger die geäußerte Meinung, sondern vielmehr das Einbringen von Sachargumenten und die Verwendung eines Sprachstils, der einer Rede angemessen ist:*

- *introduce the situation (e. g. "Our next participant is our guest Frank")*
- *refer to the participant's situation ("this is only my third week at Twinkling High")*
- *include proper arguments ("Facebook provides the opportunity to get to know the friends of other people")*
- *use stylistic devices such as direct address or repetition ("Hi everybody", "Facebook is helpful")*

HEADMASTER MILLER: Our next participant is our guest Frank from Germany – the statement he posted to apply to take part in the discussion is: "Facebook is the best way to find friends and an even better way of staying friends".

FRANK: Hi everybody, thanks for having me here. I'm happy that I can be on this panel, especially as this is only my third week at Twinkling High. It's awesome here in Michigan.

(applause, he stands up)

Thanks …

(he takes a seat again and nods)

Let me start off by stating my opinion and explaining why social networks are the best help when it comes to finding and staying friends. First: Facebook is helpful because it provides the opportunity to get to know the friends of other people and make contact. For instance, Jeff from my host family – my brother over there – has got 234 friends on Facebook and 24 of them are my friends, too, already. Second: Facebook is helpful because I can post my ideas every day and my new American friends can actively take part in my life. We exchange ideas and I learn more and more about them. Third: Facebook is helpful because we can easily make arrangements. The McDonalds flash mob last Friday, for example, was the first one I joined. Great idea to come bring in Burger King crowns and order Whoppers. Fourth: Facebook is helpful for me to keep in touch with my German friends. The first thing I did when I came home on Friday was to post a video of the McDonald's manager, who freaked out when he ran out of Quarter Pounders.

Who cares if some say that social networks make you dumb? Potential dangers like abuse and addiction to quick but useless communication are usually only expressed by the older generation. … I ask you: What do we need them for? Who needs parents to poke their noses into your business? Who wants them to be there and supervise every step we take?

Who cares if some say that it's a waste of time? We know better.

Who cares if some say that Facebook may misuse our data? We know that life is good if we can share our private lives with the people we care about. It's our own decision to share our lives with our friends *(smiles)*. And in case you need a good one: look for Frank Mellmann on Facebook. Double L, double N.

I think it's a proven fact that Facebook gives us this freedom and the satisfaction resulting from it. And lately this has also been confirmed by a group of Harvard researchers: they found that revealing information about ourselves activates the same brain areas as good food and – if I may say that – the opposite sex, or according to their findings, even sex in general *(some people in the background start cheering)*. Facebook has given us democracy back and the speedy exchange in social networks is the ace we have up our sleeves. One day the Facebook generation will take over. And all our friends will join in.

(applause, he stands up and bows) *(522 words)*

Sicher durch das Abitur!

Klare Fakten, systematische Methoden, prägnante Beispiele sowie Übungsaufgaben mit schülergerechten, kommentierten Lösungen zur Selbstkontrolle.

Deutsch

Gedichte analysieren und interpretieren	Best.-Nr. 944091
Dramen analysieren und interpretieren	Best.-Nr. 944092
Epische Texte analysieren und interpretieren	Best.-Nr. 944093
Erörtern und Sachtexte analysieren	Best.-Nr. 944094
Abitur-Wissen Deutsche Literaturgeschichte	Best.-Nr. 94405
Abitur-Wissen Textinterpretation Lyrik · Drama · Epik	Best.-Nr. 944061
Abitur-Wissen Erörtern und Sachtexte analysieren	Best.-Nr. 944064
Abitur-Wissen Prüfungswissen Oberstufe	Best.-Nr. 94400
Kompakt-Wissen Literaturgeschichte	Best.-Nr. 944066
Kompakt-Wissen Rechtschreibung	Best.-Nr. 944065

Prüfungstraining Literatur

Kleinschrittiges Klausurentraining zu aktuellen Prüfungsthemen – ideal zur selbstständigen Abiturvorbereitung im Fach Deutsch.

Thomas Mann: *Buddenbrooks*	Best.-Nr. 5454001
J. W. v. Goethe: *Iphigenie auf Tauris*	Best.-Nr. 5454003
Koeppen: *Tauben im Gras*	Best.-Nr. 5454005
Schiller: *Kabale und Liebe*	Best.-Nr. 5454007
Liebeslyrik	Best.-Nr. 1045401

Französisch

Sprachmittlung · Übersetzung	Best.-Nr. 94512
Themenwortschatz	Best.-Nr. 94503
Textarbeit Oberstufe	Best.-Nr. 94504
Arbeitsheft Französisch 10./11. Klasse Devenir adulte mit Audio-CD	Best.-Nr. 9555013
Devenir adulte ohne Audio-CD	Best.-Nr. 9555011
Abitur-Wissen Französische Literaturgeschichte	Best.-Nr. 94506
Klausuren Französisch Oberstufe mit MP3-CD	Best.-Nr. 105011
Kompakt-Wissen Abitur Kurzgrammatik	Best.-Nr. 945011
Kompakt-Wissen Abitur Wortschatz Oberstufe	Best.-Nr. 945010

Spanisch

Kompakt-Wissen Abitur Wortschatz Oberstufe	Best.-Nr. 945401
Kompakt-Wissen Grundwortschatz	Best.-Nr. 945402

Englisch

Themenwortschatz	Best.-Nr. 82451
Grammatikübungen	Best.-Nr. 82452
Übersetzung	Best.-Nr. 82454
Grundlagen, Arbeitstechniken und Methoden mit Audio-CD	Best.-Nr. 944601
Sprechfertigkeit mit Audio-CD	Best.-Nr. 94467
Sprachmittlung Deutsch – Englisch Englisch – Deutsch	Best.-Nr. 94469
Abitur-Wissen Landeskunde Großbritannien	Best.-Nr. 94461
Abitur-Wissen Landeskunde USA	Best.-Nr. 94463
Abitur-Wissen Englische Literaturgeschichte	Best.-Nr. 94465
Klausuren Englisch Oberstufe	Best.-Nr. 905113
Kompakt-Wissen Kurzgrammatik	Best.-Nr. 90461
Kompakt-Wissen Abitur Themenwortschatz	Best.-Nr. 90462
Kompakt-Wissen Abitur Landeskunde/Literatur	Best.-Nr. 90463

Latein

Abitur-Wissen Lateinische Literaturgeschichte	Best.-Nr. 94602
Abitur-Wissen Römische Philosophie	Best.-Nr. 94604
Abitur-Wissen Prüfungswissen Latinum	Best.-Nr. 94608
Klausuren Latein Oberstufe	Best.-Nr. 106011
Kompakt-Wissen Abitur Basisautoren Oberstufe	Best.-Nr. 946010
Kompakt-Wissen Kurzgrammatik	Best.-Nr. 906011
Kompakt-Wissen Sachwissen zum Lateinunterricht	Best.-Nr. 906012

Kunst

Abitur-Wissen Malerei · Plastik · Architektur	Best.-Nr. 949618
Abitur-Wissen Werkerschließung	Best.-Nr. 949628
Kompakt-Wissen Abitur Kunst	Best.-Nr. 949601

Interpretationen zu Schwerpunktthemen

Die optimale Vorbereitung auf das Abitur in Nordrhein-Westfalen: Mit Informationen zu Autor und Werk, ausführlicher Inhaltsangabe sowie einer systematischen Interpretation des Textes.

Büchner: *Woyzeck*	Best.-Nr. 2400042
Goethe: *Iphigenie auf Tauris*	Best.-Nr. 2400361
Kleist: *Prinz Friedrich von Homburg*	Best.-Nr. 2400631
Koeppen: *Tauben im Gras*	Best.-Nr. 2400641
Th. Mann: *Buddenbrooks*	Best.-Nr. 2400681
Th. Mann: *Tonio Kröger/Mario und der Zauberer*	Best.-Nr. 2400151
Roth: *Hiob*	Best.-Nr. 2400831
Schiller: *Kabale und Liebe*	Best.-Nr. 2400231
Sartre: *Huis clos/Geschlossene Gesellschaft*	Best.-Nr. 2550051
Auster: *Moon Palace*	Best.-Nr. 2500031
Hansberry: *A Raisin in the Sun*	Best.-Nr. 2500291
Huxley: *Brave New World*	Best.-Nr. 2500281
Shakespeare: *Much Ado About Nothing*	Best.-Nr. 2500241
Williams: *A Streetcar Named Desire*	Best.-Nr. 2500221

(Bitte blättern Sie um)